鎌倉の名建築をめぐる旅

内田青蔵
＋
中島京子

X-Knowledge

鎌倉湖畔通り
明月院通り
葉祥明美術館
明月院
建長寺半僧坊
十王岩
長寿寺
鎌倉学園高
建長寺 三門（山門）
亀ケ谷坂切通
圓應寺
21
JR横須賀線・湘南新宿ライン
第二中
来迎寺
永福寺跡
大江広元の墓・毛利季光の墓・島津忠久の墓
史跡法華堂跡（源頼朝墓）
荏柄天神社
鎌倉宮
護良親王墓
英勝寺
寿福寺
清泉小
横浜国大附属鎌倉中・小
金沢街道
第二小
204
妙本寺
浄妙寺
宝戒寺
小町通り
若宮大路
小町大路
勝長寿院跡
北条高時腹切りやぐら
今小路
21
鎌倉駅
滑川
報国寺
神奈川県
鎌倉市
本覚寺
妙本寺
大町釈迦堂口遺跡
衣張山
松久寺
八雲神社
安養院
旧東大路
鎌倉女学院高
311
妙法寺
由比若宮（元八幡）
安国論寺
安国論寺南面窟
JR横須賀線・湘南新宿ライン
長勝寺
小町大路
来迎寺
逗子駅
no.1-6 Minatomirai ~ Bashamichi Area
藤沢市
B
JR根岸線
C
大船駅
横浜市
藤沢駅
鎌倉市
湘南モノレール
A
JR東海道本線
江ノ電
江ノ島
鎌倉駅
江ノ島駅
逗子市
片瀬江ノ島駅
D
JR横須賀線
逗子駅
相模湾
葉山町
E
0 2km
0 100m
逗子駅、逗子・葉山駅
E
葉山町
葉山町保健センター
葉山大道バス停
134
旧役場前バス停

map

鎌倉駅西口エリア
no.1　古我邸
no.2　ホテルニューカマクラ
no.3　旧安保小児科医院
no.4　御成小学校

鎌倉駅東口エリア
no.5　旧川喜多邸別邸（旧和辻邸）
no.6　石川邸（西御門サローネ）
no.7　旧大佛次郎茶邸
no.8　湯浅物産館
no.9　鎌倉文華館 鶴岡ミュージアム
no.10　神奈川県立 近代美術館鎌倉別館
no.11　鶴岡八幡宮
no.12　鎌倉国宝館

金沢街道エリア
no.13　旧華頂宮邸
no.14　石窯ガーデンテラス
no.15　一条恵観山荘

北鎌倉エリア
no.16　建長寺
no.17　東慶寺
no.18　北鎌倉　宝庵

長谷・由比ガ浜エリア
no.19　鎌倉文学館
no.20　旧鎌倉市長谷子ども会館
no.21　旧鎌倉銀行由比ガ浜出張所 （THE BANK）
no.22　のり真安齋商店
no.23　対僊閣
no.24　かいひん荘鎌倉
no.25　日本基督教団鎌倉教会
no.26　ハリス記念鎌倉幼稚園
no.27　吉屋信子記念館

葉山・藤沢・その他のエリア
no.28　加地邸
(no.29　旧足立正別邸）＊住所非公開
no.30　旧近藤邸
no.31　星野写真館
no.32　大船軒 茶のみ処

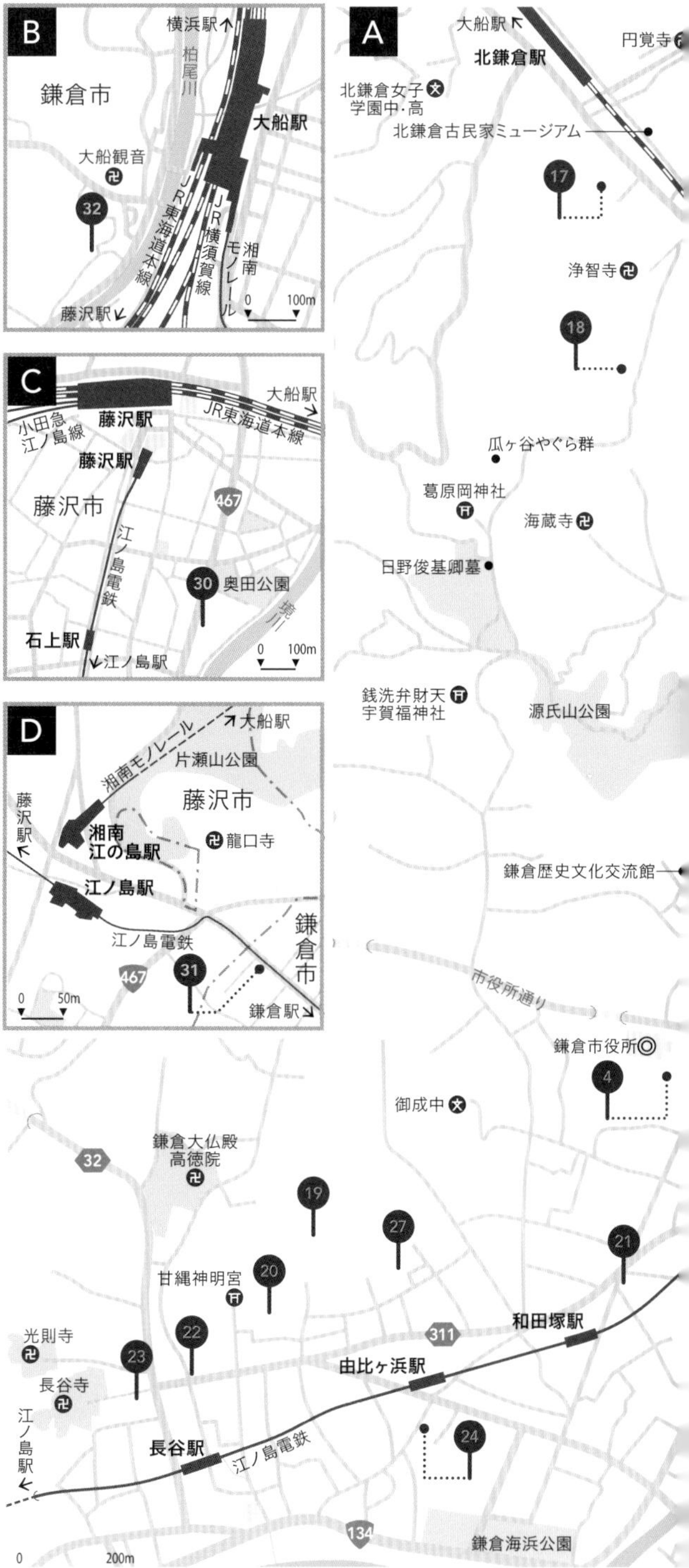

目次

＊本書に掲載した内容は2023年5月時点のものです。建物の改築や改装、公開日時の変更等の可能性がありますので、事前に公式HP等で最新情報をご確認の上お出かけください。

＊一般公開されている建物以外は無断で敷地内に立ち入らないようご注意ください。

装丁　三上祥子（Vaa）
写真　本多康司
編集協力　加藤純
地図制作　アトリエプラン

鎌倉駅西口エリア

no.1

no.4

壁はシングル張りで屋根はスレート葺き、
暖炉の煙突もあるなど、本格的な木造の
洋館に見えるが、開口部は大きく、その
形式も伝統的な引き違いを用いており、
細部は日本化されている。

no.1

古我邸

別荘地として栄えた近代鎌倉の様相を伝える

８角形に張り出した１階の部屋。低い腰壁の上は、欄間と引き違い窓の開放的な造りだ。外部の景色を楽しむための部屋でもある。上部に小さな格子割の付く窓は、19世紀後半のアメリカ住宅で盛んに用いられた形式である。

玄関部。部材は骨太で、どっしりとした重厚さも感じられる。

建物隅に設けられた８角形の張り出し部。８角錐状の屋根が載るため、塔屋のようにも見える。洋館に塔屋がつく形式は、明治期の洋館の特徴。大正初期の洋館のため、まだ明治期の古風さが残っているともいえる。

19世紀
アメリカで流行した
シングル・スタイルの洋館

明治初期に来日したドイツ人医師ベルツは、いち早く鎌倉を保養地として推奨した。こうした風潮のもと、貴顕《きけん》紳士たちによる別荘建設が始まった。明治も後半になると、和館の別荘建築とともに洋館も建設された。ただ、避暑・避寒のための別荘建築は関東大震災で被害を受け、ほとんど存在しない。

そうした中で、今日でもその創建当時の雄姿を見せているのが古我邸で、現在はレストランとして活用されている。当初、この建物は荘清次《しょうせいじ》郎《ろう》の別邸として、１９１６（大正５）年にイギリスのロンドン大学で建築学を学んだ英国通の建築家・桜井小太郎の設計で竣工した。

玄関外観。別邸のため、車寄せなどの仰々しい設備はない。シングル張りの外壁は、1階は土台部分で、2階は胴蛇腹部分で、それぞれ外側にスカートのように反っている。壁に打ち付ける雨を、建物が傷まないように外壁から離して落とし、土台などが腐るのを防ぐための処理である。

２階への階段を見上げる。踊り場の上げ下げ窓は、細長いプロポーションで天井いっぱいまで設けられている。

建物の姿は雄大だ。正面の左側には１・２階ともに８角形の塔屋状の張り出し、右側には大きな切妻屋根のハーフティンバー風の妻面を見せ、その間にテラスを配するという左右非対称の構成をとる。最大の特徴は、外壁がシングル張りという板材を魚のうろこ状に重ねて張った外壁の仕上げで、19世紀末のアメリカで流行したシングル・スタイルを基調としていることだ。屋根はスレート葺き、外壁は茶系で、開口部の白色の窓桟とのコントラストがまぶしい。

DATA

竣工：1916（大正５）年
設計：桜井小太郎
住所：〒248-0011　神奈川県鎌倉市扇ガ谷１丁目７-23
アクセス：JR「鎌倉駅」西口より徒歩５分
開館時間：ランチ／11:00〜15:00（最終受付13:30）ディナー／17:30〜21:00（最終受付19:00）カフェ／11:00〜日没（３〜12月、最終受付16:00）
休館日：火及び第１・第３水休

玄関から中をのぞくと、手間に大きなホールがある。中央に見える階段は洋館の見せ場のひとつ。直線材だけによるインテリアは、極めてシンプルだが、ほどほどの木太い部材の構成が、何ともいえない安心感を漂わせている。

谷戸に立つ洋館は、周りの自然と溶け込んでいるかのように、静寂な雰囲気を生み出している。

no.2

ホテルニューカマクラ

鎌倉駅のホームからも見えるレトロな洋風建築

玄関脇の椰子の木と赤みを帯びたうこん色の壁が、まるで海外に来たような印象を与える。

床の寄せ木細工が美しい。今ではなかなか再現できる職人がいない。

玄関車寄せは、細身の柱をＬ字型に３本用いたもの。明治期の居留地に立つコロニアルスタイルの建築などに見られる、玄関部を強調するモチーフだ。

100年近い歴史を持つクラシックなホテル

鎌倉駅プラットフォームに立つと、棟上に「ＨＯＴＥＬ ＮＥＷ ＫＡＭＡＫＵＲＡ」という棟飾りを兼ねた看板を載せた、木造2階建て寄棟屋根の建物が迎えてくれる。看板の古風で独特の字体は、アールヌーヴォー風でもあり、歴史と同時に華やかな品を感じさせる。

外壁は、１・2階ともに荒い塗壁。色は赤みを帯びたうこん色で、いやがうえにも目につく。1階正面は、中央を少し避けた位置に車寄せがあるのに対し、2階正面には縦長のプロポーションの上げ下げ窓が規則正しく配されている。そして、1階と2階の間には、白い帯状の胴蛇腹が回り、単調なデザインの外観を引き

照明器具も古風で個性的。

玄関ホールから階段を見上げる。

締めている。

竣工は1924（大正13）年、「山縣ホテル」として建設された。戦後は様々な用途に転用され、そして、再び現在のホテルとして利用されるようになったという。外観に見られる2階の規則正しい開口部の存在は、住宅建築よりもホテルの個室の開口部と考えれば、デザイン的には合点がいく。

DATA

竣工：1924（大正13）年
設計：不詳
住所：〒248-0012　神奈川県鎌倉市御成町13-2
アクセス：JR「鎌倉駅」西口より徒歩1分

上／玄関ホールの正面には階段があり、２階へと誘うようだ。垂れ壁部分には、
アールのあるアーチ状の処理が随所に見られる。下／木サッシの上げ下げ窓は、窓桟で幾何学的に割られている。
部屋の扉の上部には摺りガラスの入った丸窓があり、部屋の中の人の気配が感じられる。

寝室。角部屋のこの部屋には2面に上げ下げ窓が付き、明るい。
インテリアは単純だが、天井縁や柱型など木による造りを強調したデザインが展開されている。

no.3

旧安保小児科医院

ランドマークとして街角に建つ大屋根の大正洋館

DATA

竣竣工：1924（大正13）年頃
設計：三橋直吉
住所：〒248-0012　神奈川県鎌倉市御成町９
アクセス：JR「鎌倉駅」西口より徒歩２分
内部は非公開

３つの道路が交差する角地に建つ。道路に向けて大きな破風を見せている。
シンプルな構成だが、力強く、飽きのこないデザインだ。

木造２階建ての建物だが、急勾配の大屋根を構えていることもあり、３階建てに相当する規模を持つ。大きな切妻の破風面は、小屋組を表現したような柱型と梁型を壁面に露出させたハーフティンバーで、地域のランドマークとなっている。

１９２４（大正13）年頃の竣工といわれる建物は、医師の安保孝彦が小児科医院として建てた。薬局、待合室、診察室そして検査室からなる洋館で、奥には平屋の木造建築が住まいとして建てられた。

設計・施工を行ったのは、三橋工務所を構えていた三橋直吉。三橋家は代々大工の家柄で、戦前期の鎌倉を代表する大工だった。待合室の天井飾りには兎と人参、診察室には鶴の漆喰細工が施されるなど、患者として訪れる子供を意識した装飾が見られ、大正末頃の日本の大工の技量が感じられる貴重な建築である。

no.4

鎌倉が避暑地であったことを物語る小学校

御成小学校旧講堂

DATA

竣工：1933年（昭和８年）
設計：蔵並長勝、鈴木富蔵、三橋幾蔵
住所：〒248-0012　神奈川県鎌倉市御成町19-１
アクセス：JR「鎌倉駅」西口より徒歩５分
開館時間：非公開

右／校門として利用されている屋根のない門で、両側の柱に冠木と呼ばれる横木を通した簡単な形式のもの。冠木門（かぶきもん）と呼ばれる。
下／講堂の外観。外壁は下見板張りの洋風だが、外壁に柱が露出し、柱上部には船の形をしていることから名付けられた舟肘木があるなど、伝統建築の雰囲気を漂わせている。

御成町や御成門といったように、時折地名や建物名称で〝御成《おなり》〟の名に出会う。鎌倉にも、御成町という町があり、この御成小学校がある。御成とは広く解釈すれば、「貴人が外出したり訪ねてくること」の尊敬語となる。このことからも想像できるように、この御成町にはかつての鎌倉御用邸があった。

１８９９（明治32）年、鎌倉に御用邸が設けられた。しかし関東大震災で被害を受け、空いた敷地は地元に払い下げられ、児童増加のために小学校の敷地となった。

１９３３（昭和８）年、小学校が建設され、名称はこの地の由来を伝える御成小学校となった。校舎は建て替えられたが、当時の講堂が現存している。その外観は、入母屋屋根で妻飾りとして懸魚《げぎょ》があり、外壁最上部の柱には舟肘木《ふなひじき》が載るなど和風の意匠が、建物の歴史を伝えている。

column 1

昭和十年代の鎌倉

中島京子

鎌倉に海水浴場が開設されたのは、明治時代だそうだ。

東京大学のお雇い外国人だったドイツ人医学者のベルツが、七里ガ浜を保養地として推奨したのがきっかけだという。

もう十年以上前になるが、『小さいおうち』という小説を書いた。東京に小さい家を建てて暮らしている、おもちゃ会社の重役の妻が主人公で、語り手がその家の女中さん、という設定だった。

小説の中で、重役の妻の時子は、しばしば女中のたきを伴って、鎌倉に行く。時代設定は昭和の十年代くらい。いわゆる「戦前」と呼ばれた時代だ。

鎌倉を作品に登場させたのは、その時代の人気の観光地・保養地だったからだ。時子の息子の恭一は小児麻痺を患っている。海に行けば、足の不自由さも忘れて楽しめるからと、時子は息子を連れて行くのだが、行く理由はほかにもある。

夫の会社の社長さんが鎌倉に別荘を持っていて、そこに誘われたというのが第一の理由。けれどももう一つの理由は、不倫関係に陥る夫の職場の若い社員が、夏休みの時期に、やはり鎌倉を訪れているからだ。

明治二十二（1889）年に横須賀線が開通して、東京から汽車でまっすぐ出られる海辺ということで発展していった鎌倉は、都市にサラリーマンとその核家族が生まれ、大衆文化が花開く大正から昭和初期、週末や夏休みは大賑わいだったらしい。別荘地としても人気で、その雰囲気を小説に入れたかった。時代を象徴する場所の一つだと思ったからだ。もちろん、いまだって鎌倉は人気で、小町通りは人にぶつからずに歩けないくらい、鶴岡八幡宮も大仏もたいへんな人出だ。でも、それこそ「近代建築」が建っていく時代の鎌倉には、また、現代とは一味異なる、独特の魅力がある。

内田青蔵先生のご案内で訪ねた鎌倉文学館、旧前田邸も、現在ある建物は昭和十一（1936）年に建ったものだそうだ。「小さいおうち」の舞台となる時子の家も、その一年前にできたという設定になっている。粋をきわめた旧前田邸と、中流家庭の小さな家では、規模からなにからぜんぜん違うけれども、「洋館」や「和洋折衷」が自然に住まいに取り入れられるようになった時代を感じる。明治以来、西洋文化に憧れてひた走った末に、ようやく物まねだけではない、日本ならではの「近代」文化が見えて来るのがその時代なのだと思う。

それが、戦争の時代と重なった歴史の皮肉を時折考える。

鎌倉駅東口

no.5

no.12

エリア

no.5

旧川喜多邸別邸（旧和辻邸）

映画人にも愛された江戸後期の民家

炉のある広間は畳敷の部屋。和辻の死後、建物を購入した川喜多夫妻は国際的映画人で、時には来日した海外の映画人をこの建物でもてなした。畳の上に置かれた椅子は、そうした外国人のためのものだった。座が低く、できるだけ床座に近い視点で見てもらおうという意図が窺える。

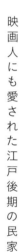

敷地奥の小高いところに建物は位置している。

ガラス戸を通して庭と一体化した庭が見える。ガラスは和辻の時代に入れられたものであろう。

広間と奥の書斎は板戸で仕切られていた。

民芸運動の高まりと連動した古民家の活用

昭和初期、柳宗悦や濱田庄司などを中心とした民芸運動が活発化し、急速に姿を消しつつあった伝統的民家の素朴で木太い骨組みや、自然素材を生かした造形を見直す機運が高まった。浜田は益子で古民家を移築して仕事場とし、河井寛次郎は京都で、登り窯のある敷地に自らの住まいを民家調で建設した。こうした民家への熱いまなざしは、茶人・文化人などを中心に広がり、古民家の利活用が流行した。

和辻哲郎もそのひとりで、1938（昭和13）年、東京練馬の自邸として神奈川県大山の古民家を移築した。和辻によれば、移築した民家は19世紀初のもので、かつて松田から

自然の形状を残した部材が古民家の歴史を感じさせる。

奥深い庭。

移築されたものであったという（「田舎家の弁」『新潮』1957年4月号）。そして、1961（昭和36）年、川喜多長政、かしこ夫妻が再びこの和辻邸を別邸として移築した。

　木造平屋で、桟瓦《さんかわら》葺《ぶ》き・押縁《おしぶち》下見板張りの外観の建物は、移築後に手が入っているが、間取りを見ると確かに伝統民家の雰囲気が漂っている。大きな土間があり、床上部分は食い違いの4つ間取りといえる。大きな広間の土間側には炉もあり、まさに江戸末期の民家形式が見て取れる。

DATA

竣工：19世紀初頭
設計：不詳
住所：〒248-0005　神奈川県鎌倉市雪ノ下2丁目2
アクセス：JR「鎌倉駅」東口より徒歩8分
公開日：年に2回、春と秋に一般公開あり。詳細は公式HP参照。

書斎。本棚は和辻が使っていたものである。腰障子の桟は太く、柱も長押も木太い。まさに民家に見られる書院造といえる。

no.6

石川邸（西御門サローネ）

緑の中に溶け込むライト風建築

玄関ポーチとバンディド・コラムとも称される帯状装飾のついた柱。ライトの高弟の建築家、遠藤新はno.30の近藤邸でこの帯状装飾を建物の外壁全体に用い、水平線を強調している。

玄関に続く大きなホールに入ると、視線は正面の階段を捉える。出窓には座の低いソファーが嵌め込まれている。ホールというよりは、リビングのような安らぎを覚える空間だ。奥の階段の手摺子には幾何学的デザインが見られ、菱形がアクセントとして用いられている。

階段親柱は、そのまま伸びてホールと階段室との間仕切りのアーチ型の垂れ壁を支えている。こうした実際の構造材としての親柱の使用は、ユニークな表現といえる。

上／ライトの作風を彷彿とさせる幾何学な窓桟。下／ライトが用いて建築材料として全国的に普及した大谷石。玄関ポーチの手摺の笠木（かさぎ）と手摺子に用いられている。やわらかいため、その表面に色々な装飾が可能だった。ここでは細かな縦線模様が施されている。

洋館と草葺き屋根の和館が対比的構成を見せる

作家の里見弴は、絵画や版画などを嗜み、住宅の設計なども行ったという。そんな多才な里見の住宅が、鎌倉の西御門に建つ石川邸（西御門サローネ）だ。

建物は、母屋の1926（大正15）年の洋館と1929（昭和4）年竣工の離れからなる。離れの和館は里見の好みだが、洋館は妻の希望で建てたという。そんな洋館のデザインはなかなか優れもので、帝国ホテルの設計で知られるアメリカ人建築家のF・L・ライトのデザインの香りが内外に漂っている。その特徴は、玄関ポーチの大谷石の使用や玄関ポーチの柱の水平線を強調した帯装飾、また、開口部の幾何学的窓桟や菱形、

玄関脇に設けられた開口部。変形の６角形が独特の雰囲気を醸し出している。

変形六角形などの幾何学的モチーフが多用されているところだ。
一方、里見の好んだ和館は、入母《いりも》屋《や》の草葺きで、内部には網代《あじろ》天井や船底天井とともに、竹の竿縁天井など凝らした意匠が随所に見られ、書斎というよりは凝った数寄屋造りともいえる。ただ、縁側の窓は大きな一枚ガラスで、小割のガラス窓の母屋とは異なり、モダンだ。対比が面白い二つの建物が一つの建物を構成している姿に、日本の近代建築の成立の様相が垣間見られる。

DATA

竣工：洋館／1926（大正15）年、
和館／1929（昭和４）年
設計：里見弴
住所：〒248-0004　神奈川県鎌倉市
西御門１-19-３
西御門サローネ内
アクセス：京浜急行バス「大学前」より
徒歩10分
一般公開日：毎週木〜日曜日11:00〜17:00
（入館は16:30まで）
詳細は公式HP参照

上／ホールの横は居間で、その南側にはサンルーム。２階の各室東南側にもパーゴラの付いたバルコニーが置かれている。
下／ホールに設けられた出窓と造り付けのソファー。大きな開口部は自然を楽しむ額縁のようだ。

湿気を考慮し、高床形式の建物とした和館。屋根は入母屋の草葺きで、まさに田舎家風だ。
当時の趣味人たちが競って建てていたスタイルで、全体に線が細く、モダンさを感じさせる。

no.7

旧大佛次郎茶邸

大規模改修を経てよみがえった鎌倉の歴史遺産

玄関。石材をまばらに配した叩き。造作には竹が多用され、また、沓脱石とナグリの入った細い自然材を密に並べた式台が数寄屋風の独特の雰囲気を生み出している。

寄棟の茅葺き屋根で、棟の芝棟が初々しい。

奥の８畳の茶室。床脇の丸窓が印象的だ。

玄関部にかけられたネームプレートは、
里見弴が書いたものといわれる。

若宮大路の外れに立つ 文学者の愛した 数寄屋建築

若宮大路から古道の小路を進んで住宅街に入ると、黒い板塀と少し格式の高さを感じさせる二脚門のある屋敷と出会う。奥に立つのは木造平屋で、茅葺き屋根を構える母屋。ここは、作家の大佛次郎の茶亭として知られるところだ。

一九二九（昭和４）年、大佛は鎌倉に住宅を構えた。この茶亭は、路地を挟んで隣に立つ建物で、戦後の１９５２（昭和27）年に大佛が別邸として購入したものである。文学関係者はもちろんのこと、国内外の文化人など大佛と交流のあった多様な人々がここに集い、まさに文化サロン的な場として利用されたという。

この建物は、「大正八年八月造」

玄関部の外壁は杉皮張り仕上げ。数寄屋建築によく見られる仕様だ。

4畳の茶室の横に設けられた水屋。縦に重ねられた棚板がリズミカルで、モダンさを感じさせる。

と記された部材の発見から、震災前の数少ない貴重な建物であることがわかる。また、茅葺きから民家調にも見えるが、建物の内部には茶室が2つあり、4畳の茶室の意匠は網代天井と掛込天井、8畳の茶室は天井板に神代杉に竹の竿縁など手の込んだ数寄屋建築だ。鎌倉と深い縁のある大佛の自邸はすでに失われたが、この建物は一般社団法人大佛次郎文学保存会が保存を目的に所有し、公開が予定されている。

DATA

竣工：1919（大正8）年頃
設計：不詳
住所：〒248-0005　神奈川県鎌倉市雪ノ下1丁目11-22
アクセス：JR「鎌倉駅」より徒歩8分
見学情報：毎年、春と秋に一般公開が開催されている

奥の8畳の茶室の丸窓が見える。この茶室は、小間の茶室のように室内と外を繋ぐ縁がなく、建具を開けるとそのまま外に続くつくりとなっている。

no.8

湯浅物産店

半円窓を添えた開口部が連なるモダンな看板建築

DATA

竣工：1936（昭和11）年
設計：不詳
住所：〒248-0005　神奈川県鎌倉市雪ノ下1丁目9-27
アクセス：JR「鎌倉駅」東口より徒歩10分
営業時間：10:00〜18:00

竣工当時の「貝細工製造卸湯浅商店」の店名が今でもファサードに刻み込まれている。

鎌倉を代表する目抜き通りに、由比ガ浜から参道として鶴岡八幡宮を結ぶ若宮大路がある。かつては、この通りに沿って多くの町家が軒を連ねていた。そんな雰囲気を今に伝える建物が、三河屋本店とこの湯浅物産館だ。貝細工の工芸品などを扱う商店として、１８９７（明治30）年に創業し、現在の建物は１９３６（昭和11）年に地元の鳶職と大工によって完成している。

木造2階建ての建物だが、スクラッチタイル張りで、2階の外壁にファンライトと呼ばれる半円の開口部を備えたアーチ窓を6連構えた外観は、伝統的な商家とはまったく異なり、洋風のモダン建築のようだ。

関東大震災後、東京の都市部を中心に、外観だけは新しい工法を用いた看板建築が雨後の筍のように出現した。これは、その鎌倉版といえる。

写真提供：鎌倉文華館 鶴岡ミュージアム

no.9

戦後の近代日本を象徴するモダニズム建築

鎌倉文華館 鶴岡ミュージアム

上／外観。左／中庭。

戦後、初めて神奈川県の公選知事となった内山岩太郎は、外交官としての経験を活かし、戦災復興の一環として美術館、音楽堂や図書館といった公共文化的施設の建設を主導した。戦後6年後の1951（昭和26）年、坂倉準三設計によりわが国を代表するモダニズム建築である神奈川県立近代美術館本館が出現した。その姿は、凛々しく、鉄骨造二階建ての建物に工業製品を駆使したデザインは、人々を魅了した。

美術館は、鶴岡八幡宮の境内に建つ。中庭を持つ直方体状の建物をピロティで持ち上げ、入口も2階からというシンプルな鉄骨造ならではの構成となる。源平池側では、柱が池の中に立ち、建物は池に迫り出る軽やかでモダンなデザインだ。

2016（平成28）年、美術館は閉館し、現在「鎌倉文華館 鶴岡ミュージアム」として開館している。

DATA

竣工：1951（昭和26）年
設計：坂倉準三
住所：〒248-0005　神奈川県鎌倉市
雪ノ下２丁目１-53
アクセス：JR「鎌倉駅」東口より
徒歩10分
開館時間：10:00〜16:30（入館は16:00まで）月休（祝日の場合は翌平日）、展示替期間、年末年始
詳細は公式HP参照

上／中庭から源平池を見る。
下／源平池に鉄骨の柱が立つ。湖面の反射が１階回廊の天井に映り込んでいる。

no.10

神奈川県立近代美術館 鎌倉別館

キャンティレバーを用いた大胆な造形

ファサードには打込みタイル仕上げの2つの翼部が突出し、緊張感を生み出している。

建物の正面部分を横から見る。キャンティレバーによる２つの翼部が並ぶ。突出部を支える構造体とその上に乗る建築の関係を、仕上げを変えることにより表現している。

打ち込みタイル仕上げの外壁によるモダン建築

戦後、1951年開館の本館（鎌倉館）が手狭となり1984年に近隣の敷地へ別館を増設、また2003（平成15）年には葉山に葉山館が建てられた。鎌倉別館の設計は、大高正人の大高建築設計事務所。鉄骨鉄筋コンクリート造2階建て地下1階の建物で、外観は大高が大学卒業後に勤めた前川國男建築事務所の前川が考案した打込みタイル仕上げだ。ル・コルビュジエが標榜していたコンクリート造の外壁は、雨季が長いわが国では、建物の傷みが激しく、不適切だと前川は考えたのだ。

こうした考えを傍で学んだ大高は、それを踏襲した。ただ、打込みタイルを基本とした外壁の建築は、閉鎖

２つの翼部の間には、まるで切妻屋根の破風のような造形が見られる。

三角状の連続ヴォールト天井がそのまま屋根の形状として表現されている。ヴォールトの妻側は排煙口となっている。

的で重々しい。そこで大高は、敷地の地中にある埋蔵遺跡をできるだけ避けるという条件をもとに、山側に建物を寄せ、かつ、柱のないキャンティレバーの考え方を大胆に取り入れてデザインした。展示空間は三角状の連続ヴォールト天井で、その形がそのまま外観に表れるなど、大胆な造形性が感じられ、極めて個性的な建築となった。２０１９年に改修を行い、地上階と外構に増築をしている。

DATA

竣工：1984（昭和59）年
設計：大髙建築設計事務所
住所：〒248-0005　神奈川県鎌倉市雪ノ下２-８-１
アクセス：JR「鎌倉駅」東口より徒歩15分
開館時間：9:30〜17:00（入場は16:30まで）月休（祝日および振替休日の場合は開館）、展示替期間、年末年始休

no.11

鶴岡八幡宮

鎌倉の中心に鎮座する鎌倉武士の守り神

上宮社殿の楼門の見上げ。「八幡宮」と書かれた扁額がある。建物は彫刻が少なく、彩色された蟇股が目に飛び込んでくる。

豊かな緑に、社の朱が溶け込んでまぶしい。

石造の太鼓橋から上宮社殿を見る。

鮮やかな朱色が緑に映える鎌倉のシンボル

鎌倉のメーンストリートの若宮大路は、段葛《だんかずら》と称される一段高い参道で知られる大路だ。由比ヶ浜から伸びた大路の先には、三方を山に囲まれたこの鶴岡八幡宮が鎮座し、また、海側から一ノ鳥居、二ノ鳥居、そして三ノ鳥居と、３つの鳥居が建っている。

鶴岡八幡宮は、平安後期に源頼義が由比ケ浜付近に創建した鶴岡宮を起源とし、１１８０(治承４)年に源頼朝が現在地に遷し、社名も改めた。三ノ鳥居をくぐり、源平池を二分する道を進むと、正面には下拝殿とも呼ばれる１９３３（昭和８）年に再建された舞殿がある。その背後には長い大石段があり、楼門と廻廊に囲まれ、上宮社殿が鎮座している。

上宮社殿の拝殿の入母屋屋根。

上／舞殿（下拝殿）の軒裏。下／鳥居が連なり、くぐると心の汚れを取り去ってくれるようだ。

上宮社殿は、度重なる火災で都度再建され、現在の社殿は江戸後期の1828（文政11）年に将軍徳川家斉により造営されたものである。その形式は、本殿と幣殿、拝殿が一体となった流権現造である。本殿は国の重要文化財に指定されている。この社殿は、同時代の神社仏閣建築と比べると総じて彫刻などの装飾が少なく、復古的な性格を持つものといえる。

DATA

創建：1063年（康平６年）
住所：〒248-8588　神奈川県鎌倉市
雪ノ下２丁目１-31
アクセス：JR「鎌倉駅」東口より
徒歩10分
開門・閉門時間：６:00〜20:30
各施設の利用時間については公式HP参照

上／上宮社殿の楼門と廻廊。下／廻廊部の閉ざされた半蔀（はじとみ）。長押上の小壁にわずかの装飾が付く。
全体として質素な造りで、古風さが表現されている。

舞殿の横に位置する1624（寛永元）年造営の鶴岡八幡宮摂社若宮社殿の屋根が連なる。ここも流権現造の社殿。

敷地は緑豊かな鶴岡八幡宮の境内。

no.12

鎌倉国宝館

高床式の校倉造をコンクリートでアレンジ

校倉風の壁面の細部。奥には、禅宗様の特徴である海老虹梁が見える。

玄関扉には、小川三知の手になる月と星を表現した鮮やかなステンドグラス。星と月は、鎌倉を表現する語句として和歌によく歌われた。

上／海老虹梁。
下／外観。

中世鎌倉の建築様式も取り入れたデザイン

鎌倉は、関東大震災で多くの歴史と文化を伝える文化財を失った。歴史遺産の保護をめざしていた「鎌倉同人会」は、震災後、由緒ある文化遺産を保護し、人々が見学できる施設の建設を求め、鎌倉町とともにこの建物を建てた。

1928（昭和3）年に竣工した建物の姿は、古代の官庁に設けられていた重要な品々を収める正倉（倉庫）の建築から採っている。そのため、最新式の鉄筋コンクリート造2階建ての建物でありながら、外観は伝統的な寄棟瓦葺き屋根で、高床式の校倉造に見える。設計は建築家岡田信一郎で、1924（大正13）年に伝統様式を駆使したコンクリート

伝統的な木造建築の様々な部材がコンクリートで表現されている。

造の歌舞伎座を完成させるなど、日本趣味を生かした建築の牽引者のひとりであった。

東大寺の正倉院正倉を彷彿とさせる外観だが、玄関部を見ると禅宗様建築の特徴のひとつである海老虹《こう》梁《りょう》が見られ、中世鎌倉建築の伝統が表現されている。こうした伝統を意識したデザインは、建物内部でも虹梁に大瓶束《たいへいづか》を置く形式として取り入れられている。

なお、隣に建てられた新館は板倉をモデルとしており、日本の古代からの伝統的な倉の形式が並ぶ。

DATA

竣工：1928（昭和3）年
設計：岡田信一郎
住所：〒248-0005　神奈川県鎌倉市雪ノ下2丁目1-1
アクセス：JR「鎌倉駅」東口より徒歩12分
開館時間：9:00〜16:30（入館は16:00まで）月休（祝日の場合は翌平日）、その他展示替期間、特別整理期間、年末年始休等あり

column 2

いつもそこにある鎌倉

中島京子

たぶん、遠足で行ったのだと思う、小学校六年生のときに。

じつはあまりよく覚えていないのだ、生涯初の鎌倉というのを。わたしの初の海水浴が三浦海岸だったことは、家族写真のアルバムが証明していて、水がこわくてすごい顔をしている二歳だか三歳だかのわたしが写っている。

鎌倉遠足で訪ねたのは、とうぜん、鶴岡八幡宮、高徳寺の大仏。おそらく建長寺あたりも行ったのではないかと思うが、定かではない。はっきりしているのは、大仏の前で集合写真を撮ったことだ。

高校生になると、古都・鎌倉はがぜん魅力的に見えてきて、休日に学校友達と出かけて、北鎌倉を散策したりした。

そのころ、三歳年上の姉に、茅ケ崎在住のボーイフレンドができた。彼は取り立ての免許でお父さんの車を運転したい盛りだったので、姉を誘いにくる。いったいどうして、妹のわたしがその車の後部座席に、あれだけしょっちゅう便乗していたのだか、わからない。

結局、姉と彼が後年、別れることになった遠因に、デートをぶちこわす妹の存在があったのかどうか、おそろしいのでたしかめる気にならない。

ともあれ、姉とわたしは当時、八王子に住んでいたので、頭の中には常にユーミンの「天気雨」が響いていた。

「白いハウスを眺め、相模線でゆられてきた　茅ヶ崎までのあいだ　あなただけを　思っていた——」

いや、交際しているのは姉なので、わたしの場合、「あなただけを思って」いるわけではなくて、「今日は鎌倉のどこに行くのかな。力餅家には寄るのかな」などと「思って」いる。サザンオールスターズもデビューしていて、「砂まじりの」という枕詞が茅ケ崎に付与されたのは知っていたけれども、茅ケ崎というのは「ダイナミック、ダイクマ〜」というCMソングを流しているディスカウントショップのある街という貧相な認識で、行きたいのは常に鎌倉とか江ノ島だった。

現在のわたしの夫は、鎌倉・腰越の出身で、晴れて助手席（もしくは運転席）で、鎌倉へ行くようになって、もう何十年も経つ。行くとついつい、これも何十年も通う、いつもの店に入ることになる。新しい、素敵な店がいっぱいあると聞いてはいるのに、いつもそこにある鎌倉に、会いたくなってしまうのだ。

和田塚にある旧鎌倉銀行・由比ガ浜出張所をリノベーションしたバー「THE BANK」は、鎌倉在住の友人に連れて行ってもらったきりだが、またすてきな夜を過ごしに訪れたい。

金沢街道

no.13

no.15

エリア

no.13

旧華頂宮邸

幾何学的フランス庭園をもつ鎌倉三大洋館のひとつ

左右対称の芝庭。谷戸にわずかに広がる平地にデザインされた幾何学的庭園が、背後の緑深い自然と見事なコントラストを見せている。

端正で凛とした南側外観。右側には大屋根の三角破風と２階の壁面全体に配された太い柱材を見せ、反対側に寄棟屋根の平屋を突出させるなど、非対称の見事なバランスを左右対称の芝庭が一層引き出している。

正面の玄関部。前庭側に突出して配置されることにより、２階の太い柱と梁によるハーフティンバー仕上げの外壁の威圧感を和らげている。×状に加工された方形の外壁部分も印象深い。

玄関ホールと階段。全面、黄土色の荒塗仕上げの壁で、独特の雰囲気が感じられる。
昭和初期、室内の壁仕上げにこうした自在な凹凸を残した塗壁が流行した。

上／玄関扉の細部。
下／サンルーム側面の開口部。

玄関部。戸扉は内開き。

日本人好みのハーフティンバーを基調とした洋館

明治以降、日本には多くの洋館が建てられた。その姿は、当然ながら欧米の建築様式の影響を受けたものだった。見よう見まねから徐々に本格化し、欧米の建築界で流行した様式が次々と取り入れられた。まさに、欧米に追い付け、追い越せという富国強兵・殖産興業の動きを、建築という分野でも展開していたのである。

そうした移り変わる洋館の姿を見ていると、ひとつだけ例外的に明治・大正・昭和初期まで連綿と使われ続けてきた建築様式の存在に気付く。〝ハーフティンバー〟と呼ばれるものだ。イギリス中世のチューダー様式に含まれる、柱や梁などの構造部材を外観に露出させた様式で、

１階食堂部分。庭に向かう船底天井の形状が室内の人々の視線を何気なく外の芝庭へと誘う。

大理石を用いた食堂の暖炉は、内部にラジエーターを置き、それをグリルカバーで覆い、直接見せない工夫がなされている。

時にはそれをデザイン要素として強調することもある。わが国で好まれた理由のひとつは、木部を露出させて見せる表現に日本の伝統建築と共通するものがあり、日本人ならば、親近感を抱くものだからだろう。

１９２９（昭和４）年、華頂侯爵はハーフティンバーを基調とした建築を本邸として建てた。古都鎌倉にふさわしい本邸の姿は何か、そんなことを模索する中で、日本独自の伝統建築ともなじむこの様式を取り入れたものと思われる。

DATA

竣工：1929（昭和４）年
設計：不詳
住所：〒248-0003　神奈川県鎌倉市浄明寺２丁目６-37
アクセス：京浜急行バス「浄明寺」より徒歩６分
公開日：年に２回、春と秋に一般公開あり。詳細は公式HP参照。

上／1階のテラスを挟んで食堂と反対側の部屋は、庭先部分の床だけがタイル敷で、開口部も大きく、
サンルーム的な部屋といえる。ただ、この部分は後の増築で、当初はなかったと推定されている。
下／2階の寝室。中央に暖炉が置かれ、隣の寝室とは開き戸で繋がる。照明器具はアール・デコのデザイン。

上／戦後の1970年に旧華頂宮邸を購入した松崎貞治郎は、翌年、東京・上大崎にあった茶室と座敷からなる和風建築を移築した。1936年創建ともいわれるこの座敷は、手の込んだ数寄屋建築としても魅力的だ。下／移築した建物の外観。

no.14

石窯ガーデンテラス

禅寺の境内に佇むドイツ式の洋館

屋根は複雑だが、外壁の荒壁は荒々しい仕上げにより光を受けると表面に拡散させ、建築全体にやわらかい雰囲気を生み出す。そうした効果もあって全体的に親しみやすさを感じさせる。

切妻屋根の建物の正面左の縦長の窓は、階段踊り場に設けられた開口部。上部の欄間部分は嵌め殺しで、下の部分は片開きだ。ステンドグラスで中央に大きな木の幹、足元には草花、欄間部分に木の葉が描かれている。モダンで色合いも鮮やかな幾何学的デザインは、内部の階段細部とも共通するセセッション風。

猫足のバスタブのおかれた浴室。白タイル張の室内の開口部に設けられた菱形部分には色鮮やかで、ユーゲントシュティール風の力強いデザインのステンドグラスが嵌め込まれている。

室内の一部屋。天井縁に装飾的な飾りと鴨居部分に細い部材が回る。開口部は上げ下げ窓だが、日本的な感じもする。

ユーゲントシュティール風の装飾に彩られた空間

浄妙寺の境内に入り、境内脇の山道を奥に進むと、忽然と赤瓦の木造2階建ての洋館が現れる。なんとも不思議な光景だが、貴族院議員の犬塚勝太郎が1922（大正11）年に建てた住宅だという。震災で多くの建築を失った鎌倉では極めて貴重な建築遺構で、現在、レストランとして多くの人々に親しまれている。

最大の特徴は、赤瓦の大屋根とクリーム色の荒い外壁だ。急勾配の切妻屋根と切妻屋根の端を切り落とした半切妻屋根、それに寄棟屋根を組み合わせ、屋根窓まで置かれた複雑な外観だ。妻面は、建築部材を露にしたようなハーフティンバーで、日本の伝統的な表現に類似し、洋館な

2階に向かう階段の踊り場には縦長の大きなステンドグラス。

階段の柱の柱頭飾りも、幾何学的でモダンなセセッション風。

がらも親しみを感じさせる。
　複雑な形状の屋根、ドイツ壁ともいわれる荒い仕上げの壁は、ともにドイツの洋館の特徴ともいわれる。開口部には、シンプルで幾何学的な、魅力的なステンドグラスが見られる。階段の親柱も幾何学的デザインで、当時流行していたウイーンのセセッション、あるいは、ドイツのユーゲントシュティールと呼ばれる新様式の影響が感じられる。

DATA

竣工：1922（大正11）年
設計：不詳
住所：〒248-0003　神奈川県鎌倉市浄明寺３丁目８-50
アクセス：京浜急行バス「浄明寺」より徒歩５分
営業時間：10:00〜17:00
月休（祝日の場合は翌日に振替）
年末年始休業あり

上／創建時のものと思われるシャンデリア。ランプをモチーフにしたデザインは、ひと昔前の雰囲気を醸し出している。
下／大屋根の半切妻屋根と屋根窓を置いた寄棟屋根。２階には大きなベランダがある。
１階のベランダは、現在、レストランのテラスとして利用されている。

天井縁部分にツタ風の装飾が、鴨居の高さには細い部材が回る。
開口部は縦長のプロポーションで、古風なペディメント風の飾りが付くが、窓の形式は伝統的な引き違い窓。

no.15

一条恵観山荘

京都から移築された貴重な数寄屋建築

4畳半の部屋と水屋との境の壁面。上部には配膳棚風の2段の袋棚があり、下方には杉戸がある。この杉戸を開けると長炉があり、水屋を兼ねながら暖気をおこし、小屋裏に貯めて建物を温めるという。

長四畳の茶室の入側と玄関境の杉戸。鶏頭の花や松を黒い花瓶に挿した立花図などが描かれている。

長四畳の茶室の襖（ふすま）の引手。「月」の文字がそのまま引手となっている。次の間の襖の引手は「の」字で、ともに女性の筆跡によるものという。ちなみに、桂離宮にも「月」の文字をモチーフにした装飾が用いられているが、その形状は全く異なる。

茶室手前の３畳間に設けられた二階棚。この茶室の計画に参加し、相談相手となった茶人として知られる金森宗和の作といわれる。

江戸時代の公家文化を伝える国の重要文化財

鎌倉には、京都から解体移築され、新天地として持ち込まれた建築もある。それが国の重要文化財に指定されている一条恵観山荘だ。後陽成天皇の第9皇子として生まれた一条恵観が建てた山荘で、創建は１６４６（正保3）年頃といわれる。江戸初期の数寄屋造の建物として、当時の公家の手掛けた質の高い最新式の建築のひとつでもあった。

茅葺きの入母屋造の屋根に桟瓦葺きの庇を四周に回すその姿は、まるで山里に点在する農家のようだ。使用されている樹種も多様で、面皮材など野趣に富んでいる。

興味深いのは、隠れて見えないが、茅葺き屋根と室内側の天井との間に

長四畳の茶室の手前座をみる。手前左側には1間の床の間がある。竹の網代張は、創建当時は板の網代組であったといわれる。天井の細い皮付き丸太の竿縁は当初のもの。

上／長四畳の茶室の手前座上部の落天井。竹の網代（あじろ）張仕上げ。下／障子の腰の内側には、竹を編んだ竹の籠とよばれるもの。

もう一つの柿葺《こけらぶ》きの屋根があることだ。いわゆる二重屋根で、冬の寒い時期には、炉で熱せられた暖気を小屋に貯め、建物全体を温めるための考案であるという。趣味性ばかりではなく生活の場としての工夫も行われていたのである。

　戦後の1959（昭和34）年にこの鎌倉に移築され、その後、国の重要文化財に指定された。なお、移築にあたっては、建物だけではなく、庭石を含め一部の庭園も再現されたという。

DATA

竣工：1646（正保3）年頃
設計：不詳
住所：〒248-0003　神奈川県鎌倉市浄明寺5丁目1-10
アクセス：京浜急行バス「浄明寺」より徒歩2分
開館時間：10:00〜16:00（最終入園15:30）休園日はシーズンによって異なるため公式HPを参照

玄関側の杉戸。人形廻しの絵で、当時の貴族の生活の一端が室内装飾に取り入れられている。

上／中央部の部屋の襖を開け、長四畳の茶室の床の間を見る。
下／外観。木立に囲まれる中、茅葺きの入母屋造の屋根に桟瓦葺きの庇を四周に回した田舎家風の外観が見える。

column 3

住宅建築のもつ魅力

中島京子

旅行先ではたいてい、「〜の家」というのを探す。

作家や画家、実業家、元お殿様、いろんな人の家が残っている。もちろん、残して守っていくのにはお金もかかるし、たいていの家は残らないわけだが、記念館になっていたり、場合によってはカフェやレストランに形を変えていたりしても、後世に残ってくれるのは、ありがたい。

ロンドンに行ったときは、ディケンズの家を訪ねた。ドーティストリート四十八番地。そこでディケンズは『オリバー・ツイスト』を書いたのだそうだ。子どもの時から好きだった作家の家をはじめて訪ねたときはドキドキした。二十代の前半だった。あれが、海外で作家の家を訪ねた初めての体験だった。

アメリカでは、ウィリアム・フォークナーの家に行った。ポルトガルでは、フェルナンド・ペソアの家に。

もっとも強く印象に残っているのは、フランスの、イリエ・コンブレーにあるマルセル・プルーストの叔母の家かもしれない。『失われた時を求めて』の冒頭の、お休みのキスのエピソードの寝室や、マドレーヌの小さめの焼き型などが見られる。

鎌倉で有名な作家の家といえば、「西御門サローネ」だろうか。一度行ってみたいと思いながら、まだ訪ねていない。吉屋信子邸にも行っていない。じつは、鎌倉文士の家は、一軒も訪ねていないのだ。でもまあ、これから訪ねることができるのだから、楽しみがあると考えることにしようと思う。

小説家になる前は、雑誌の編集者や取材記者をしていた。

そのおかげで、ずいぶん、いろいろなお家を訪ねたものだった。

すごく当たり前で、すごくおもしろいことに、家はそれぞれ住む人を映して個性的だ。集合住宅などは、すっかり同じ間取り、窓の向く方角も同じ、家族の人数も同じだったりするのに、家に入ってみるとまるで違う。人の顔が違うように違う。

家によっては、代々住み継がれて、持ち主が変わるときになにかしらの変更が行われていく。便利な機能がついたり、間取りが変わったりする。それもなんだか、生き物のようでおもしろい。

いつだったかもう十年以上前だと思うけれど、御成通りを散歩していて、旧安保小児科医院の前を通りかかった。その日、たまたま公開日だったのか、それともそのころは非公開ではなかったのか、室内も見せてもらえた記憶がある。診療室のある、お医者さんの家というのも、旅先で気になる個性的な家が多い。

北鎌倉エリア

no.16

no.18

名勝に指定されている「建長寺庭園」の
仏殿前にあるビャクシン（柏槇）の巨木。

no.16

建長寺

鎌倉五山の筆頭に位置する禅宗寺院

法堂の天井に描かれた雲龍図。法堂は1825（文政８）年の建立で、重要文化財である。

山門の唐破風の下に掲げられた「建長興国禅寺」と記された扁額。

鎌倉中世の歴史を連綿と伝えてきた名刹

禅宗建築、とりわけ、禅宗寺院の特徴のひとつとして知られる様々な種類の建築群が配置された姿――伽《が》藍《らん》配置《はいち》――のモデルと称されているのが、わが国最初の禅の専門道場といわれるこの建長寺だ。臨済宗建長寺派の大本山で、鎌倉五山の筆頭に位置する建長寺は、1253（建長5）年に建立された。創建時の建物は残っていないものの、総門・山門（三門）・仏殿・法堂などの主要建築が一直線に並ぶ中国的特徴といわれる左右対称の配置方法が採られており、当時の様子を今に伝えている。

重要文化財の山門（三門）は1775（安永4）年の再建で、禅宗様を基調とした3間二重門という

仏殿の内部。

上／仏殿の屋根。寄棟屋根は、禅宗寺院では珍しい。下／仏殿内部。欄間部分は、禅宗様では弓欄間となるが、ここでは格子欄間となる。

２階建ての門で、１階部分は吹き放し、２階部分には仏壇が置かれている。仏殿は１６２８（寛永５）年の建立で、これも重要文化財だ。寄棟屋根で内部は格天井という禅宗様式とは異なる形式を持つこの建物は、増上寺にあった徳川２代将軍秀忠夫人の霊屋《たまや》を移築したものである。

この他、建長寺の重要文化財としては、仏殿とともに増上寺から移築した１６２８（寛永５）年の唐門などがある。正面と裏側に唐破風を据えた向唐門で、透かし模様の飾り金物などの装飾豊かな工芸品のような建築で、徳川２代将軍ならではの建築といえる。

DATA

建立：1253（建長５）年
住所：〒247-8525
神奈川県鎌倉市山ノ内８
アクセス：JR「北鎌倉駅」より
徒歩15分
拝観時間：８:30〜16:30

仏殿の内部。禅宗の建築様式にはない折上げ格天井が見える。

上／豪華絢爛な唐門が異彩を放っている。
下／唐門の細部。細かな透かし模様の金物が、所狭しと打たれている。

no.17

東慶寺

女性の保護を担った縁切寺として知られる古刹

端正な姿の本堂。緑に包まれひっそりと佇んでいる。

手水鉢には夏椿の花が浮かんでいた。

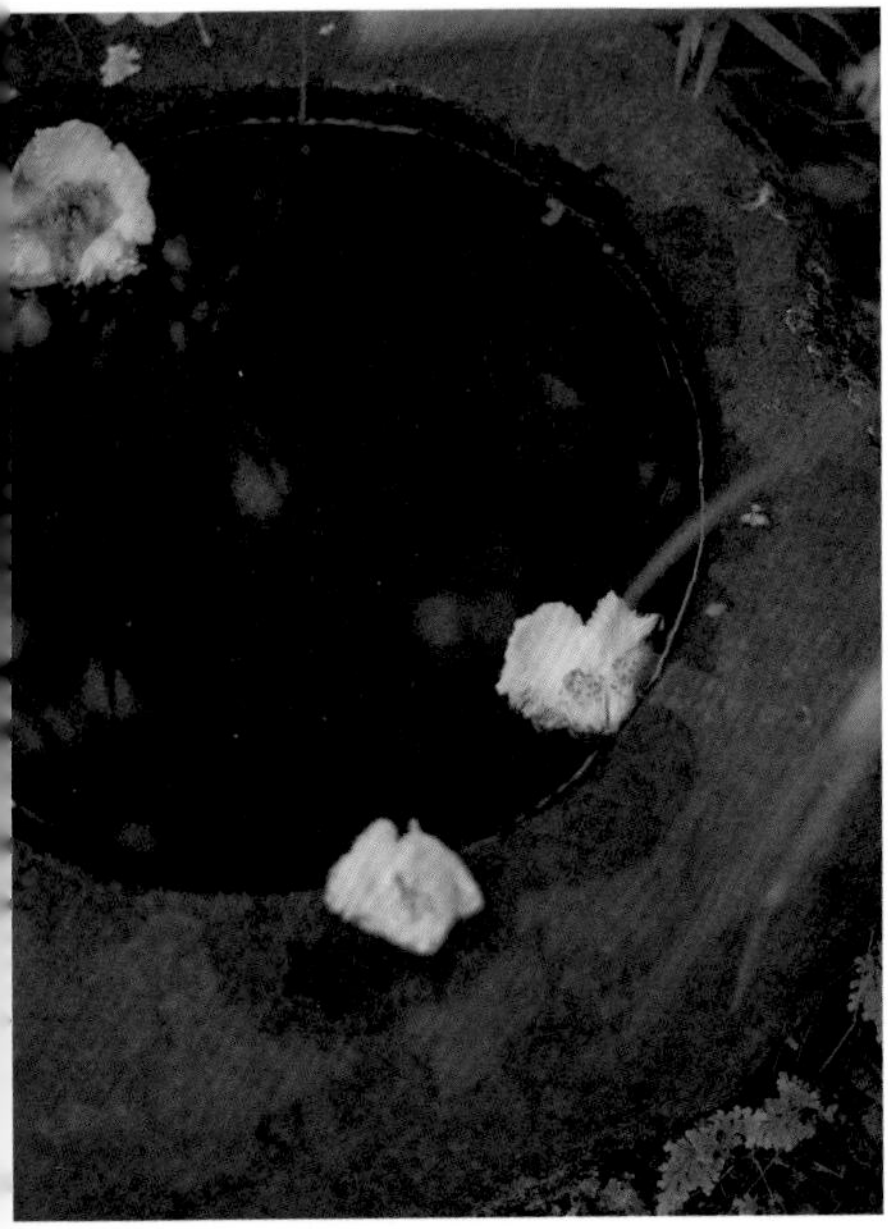

上／本堂の宝形屋根と下屋が水平線を強調している。下／東慶寺は花の寺ともしても知られ、境内は四季折々の花々で彩られている。

明治以降に再建された端正な建築で構成される

鎌倉時代に尼寺として創建されたこの東慶寺は、江戸時代には群馬県の満徳寺とともに、幕府も認める縁切寺だった。縁切寺あるいは駆け込み寺と呼ばれたこの2つの寺院は、離婚を求める女性を保護し、その調停を行う役割を与えられていた。

明治になってその役目を終え、1903（明治36）年に、臨済宗円覚寺派の男僧寺院となったという。

この東慶寺の歴史を伝える由緒ある建築として、江戸初期といわれる仏殿があったが、1907（明治40）年、横浜の三溪園に移築され、重要文化財に指定されている。1916（大正5）年の鐘楼を除き、その他の建築は関東大震災で失われ、現在の書院は大正末期に、本堂は193

山門。後年建設されたもので、江戸時代に女性たちが駆け込んだ門や階段は現存しない。

本堂の下屋部分の濡れ縁と引き戸の建具は、まるで住宅のようだ。

5（昭和10）年にそれぞれ再建されたものである。本堂は宝形屋根を載せた端正な姿で、その軒と下屋の一段低い軒による水平線と濡れ縁の水平線が連動し合い、モダンで軽快さも感じさせる。

なお、ここは文化人の墓が多いことでも知られ、哲学者の西田幾多郎、文芸評論家の小林秀雄、仏教学者の鈴木大拙、さらには岩波書店の創業者の岩波茂雄や哲学者の和辻哲郎が眠る。岩波と和辻の墓は、建築家・堀口捨巳、また、前衛美術家の赤瀬川原平の墓は建築家・藤森照信が手掛けている。

DATA

建立：1285（弘安8）年
住所：〒247-0062　神奈川県鎌倉市山ノ内1367
アクセス：JR「北鎌倉駅」より徒歩4分
宝物館・売店：9:00〜16:00

no.18

北鎌倉　宝庵

方形の屋根と円形窓のユニークな幾何学的造形

擂り鉢を載せた方形屋根とその下の開口部の大円形という幾何学的形態の組み合わせが、モダンで新鮮だ。

茶室への入口の門。

直径6尺の大きな円形の吉野窓。完全な円ではなく、下部は直線となっている。

モダニストが設計した斬新な茶室

戦前・戦後を通じて、日本のモダニズム建築の導入に深く関わった建築家のひとりに山口文象がいる。逓信省で働いた際、ヨーロッパの新建築運動に興味を抱き、1930（昭和5）年にドイツに渡ってW・グロピウスの事務所で働いた。その傍ら、茶室などの写真を持参し、ドイツに日本の伝統建築を紹介した。そして、帰国後はそれまでの経験を活かし、日本のモダニズム建築の牽引者となった。

帰国後の1934（昭和9）年、山口は茶室を竣工させた。北鎌倉の浄智寺の奥に建つその建物は、2棟ある。茶室と数寄屋造りの会席である。1畳台目の茶室は、方形の茅葺

茶室の躙（にじ）り口。

4畳茶室の縁先の手水（ちょうず）。

き屋根に、棟の茅の押さえには2尺の摺り鉢を用いている。この茶室の最大の特徴は、直径6尺の大きな円形の吉野窓を配していること。ここは、貴人口（立ったまま出入りできる客用の入り口）も兼ね、その写しの原型は、京都の高台寺の吉野太夫の茶席として知られる遺芳庵である。

もう1棟の数寄屋造りの会席は、茶事だけではなく多くの人々が集まる場で、茶会とともに連歌や俳諧などの集まりを楽しんだ。木造平屋で、瓦葺きを基本とした伝統色を強く感じさせる建物である。

DATA

竣工：1934（昭和9）年
設計：山口文象
住所：鎌倉市山ノ内1415
アクセス：JR横須賀線 北鎌倉駅より徒歩10分
見学情報：月一回公開日あり（詳細は公式HPを参照）

上／４畳茶室から庭を見る。上部に障子が置かれ、京都の大徳寺・孤篷庵忘筌を彷彿とさせる。
下／８畳の座敷。付書院のような開口部に続く壁の下部には掃き出しのための引き戸がある。

待合。土間には瓦を埋めて作った炉があり、寒いときには手炙りに利用した。

column 4

未来に残したい鎌倉

中島京子

もう何年も前のことだが、鳩サブレの豊島屋さんが鎌倉の三つの海水浴場のネーミングライツを取得したという情報があった。

自治体が公共施設等の「命名権」を売って財政を支える方法があるということに、かなりびっくりした覚えがあるが、「名前を変えないで欲しい」という声にこたえて、豊島屋さんは「材木座」「由比ガ浜」「腰越」の三つの海水浴場の名をそのままにした、という報道だった。鎌倉は、鎌倉の人に、愛されているんだなあと思う。

ただ、鎌倉のゆるキャラに「落ち武者おちむん」というのがいるというのには、笑った。非公認マスコットだそうなので、鎌倉を歩いていてもそれほどは見かけないのだが、夜などに歩いていると鎌倉武士の亡霊に出会うとか、心霊写真が写っているといった都市伝説はよく聞く。まあ、京都で幽霊に会うようなもので、古都とはそういうものなんだろう。

東京を歩いていると、案内板に「鎌倉街道」とか「鎌倉道」という名前を見つけることがある。阿佐ヶ谷の商店街パールセンターなどは、そのまま「鎌倉古道」という説もあるそうだ。

わたしはJRの高尾駅からスクールバスで七、八分、山を登って行ったところにある女子高に通っていたのだが、そこはほんとうに下界からは隔絶した場所で、スクールバスに乗らなければ近隣の駅にも出られないのだから、学校をサボって逃げてしまうことができない。

たった一つ、窓の下にはとても細いがいちおう道らしき、もちろん舗装などはされていない山道があって、それをひたすら走って行けば、鎌倉にたどり着くと言われていた。「どうしても逃げ出したくなったら、鎌倉へ」という、これも伝説めいたものが、先輩から後輩へと語り伝えられていたが、実行に移した女生徒がいたという話は寡聞にして知らない。

ようするにそこは、やはり一つの「鎌倉道」で、「いざ鎌倉」のときに、馬を駆けさせる道であり、関東武士たるもの「鎌倉に御大事あれば、一番に馳せ参じる」べき道は、かならず確保されていたということなんだろう。

鎌倉は関東の人間にとっては大事な場所だ。地元民に愛され、観光客にも愛され、古いものを大切にして鎌倉文化を維持している姿は、街のあるべき姿の一つの魅力的なモデルではないかと思う。

街は、そこに住む人によって、愛されて、作られて、守られるものなのだと、このごろ強く感じる。都心はどこも再開発で、同じようなビル、同じような複合施設が建っていってしまうのが、なんだかもの悲しい。

長谷・由比ガ浜

no.19

no.27

エリア

no.19

鎌倉文学館（旧前田家鎌倉別邸）

谷戸の高台から海を見下ろす旧大名家の別荘

別邸へのアプローチの途中には、「招鶴洞（しょうかくどう）」というトンネルがある（明治期には石組みだったが、現在は鉄筋コンクリート造で表面に軽石が貼られている）。抜けると新天地に踏み込んだような思いになる。「招鶴洞」の名は、源頼朝が鶴を放ったという故事からのものであるという。

木部にはチューダー様式を彷彿とさせるハツリ（手斧で削ってできる粗い仕上げのこと）、屋根にはスパニッシュ様式を感じさせる青色のスパニッシュ瓦が葺かれている。

色鮮やかなステンドグラスや泰山タイルなどが室内を彩る。

上／旧第三寝室の張り出し。ファンライトのシンプルなステンドグラスが美しい。
下／由比ガ浜を見る。眼下の建物が増え、木立も成長して視界を妨げているが、かつては見事な眺望が得られた。

上／車寄せ部分の壁泉。タイルはスクラッチタイル。下／応接室の暖炉脇の丸窓。装飾的グリルでカバーされている。

玄関前の車寄せ。階段の側壁には円の形をモチーフとしたイスラム風の開口が採られ、閉塞感を取り除いている。

青いスパニッシュ瓦が目を引く瀟洒な建築

名門前田家の第16代当主、侯爵前田利為（1885〜1942）は、この別邸を含め3つの大規模な邸宅を手掛けた。最初に1910（明治43）年、東京・本郷に赤門で知られる東京大学キャンパスとなった敷地に、洋館と和館からなる和洋館並列型住宅と呼ばれる形式で本邸を建てる。1929（昭和4）年には、東京・駒場に巨大な洋館と小和館を建てた。そして、日中事変直前の1936（昭和11）年、イギリス大使館付き武官としての海外生活の経験をもとに、鎌倉の別邸を洋館に建て替えた。ただし、全てを洋室にしたのではなく、3階には同居する母親のための部屋として琵琶床《びわどこ》ととも

三方を山に囲まれた敷地は、典型的な谷戸。最奥の高地に建ち、由比ガ浜を望む。

に床脇《とこわき》（棚）と付書院の座敷飾りを構えた和室を設けている。

この鎌倉別邸は、谷戸の奥深い山際の高台に建っている。まさに、海が一望できる見事なロケーションだ。建物は3階建てで、1階部分は鉄筋コンクリート造、その上に木造の2階建てが載っている。木造の主材料は、塩害につよいチーク材を用いている。様式は駒場の本邸同様にチューダー様式を基調とし、屋根は青色のスパニッシュ瓦葺きに見るように、当時流行していたデザインが加味されている。

DATA

竣工：1936（昭和11）年
設計：渡辺栄治
住所：〒248-0016　神奈川県鎌倉市長谷1丁目5-3
アクセス：江ノ電「由比ヶ浜駅」より徒歩7分
大規模改修のため2027年3月まで休館

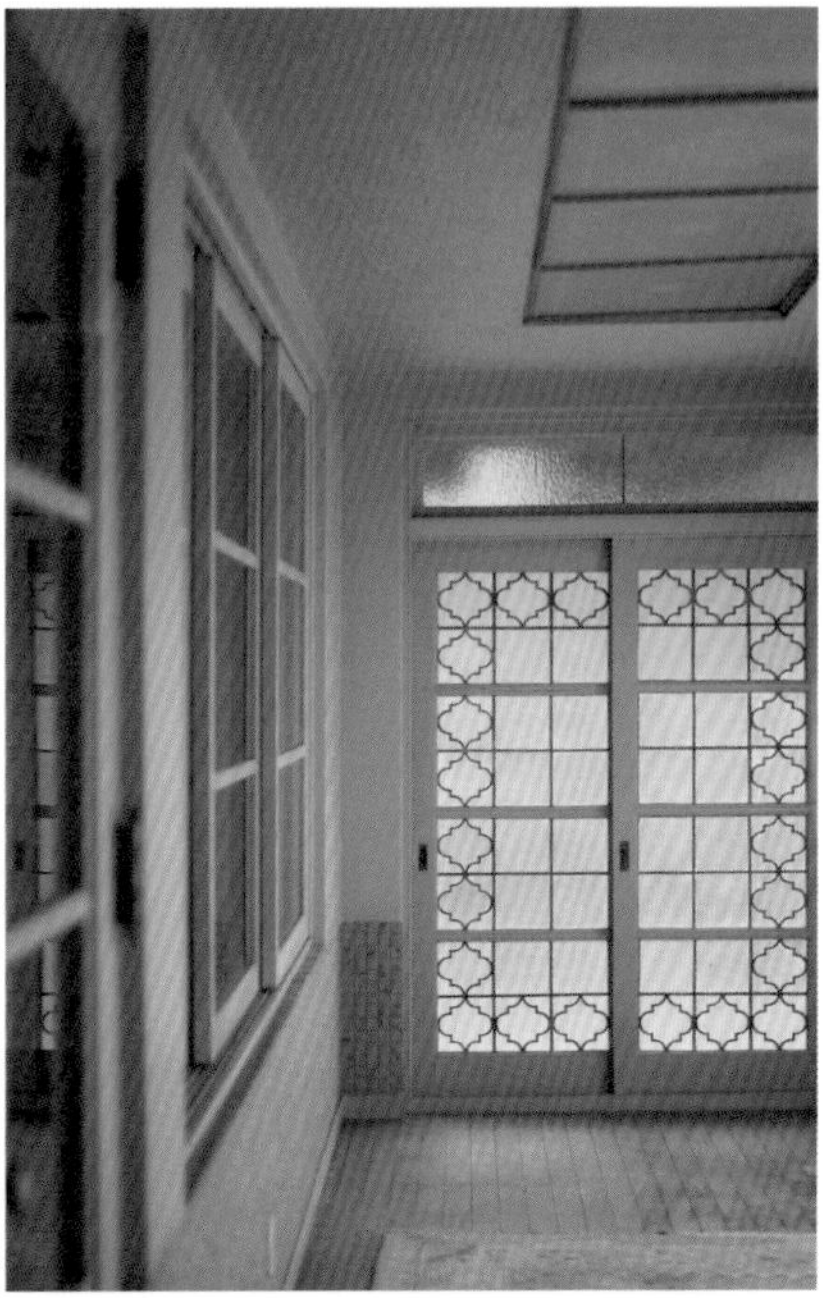

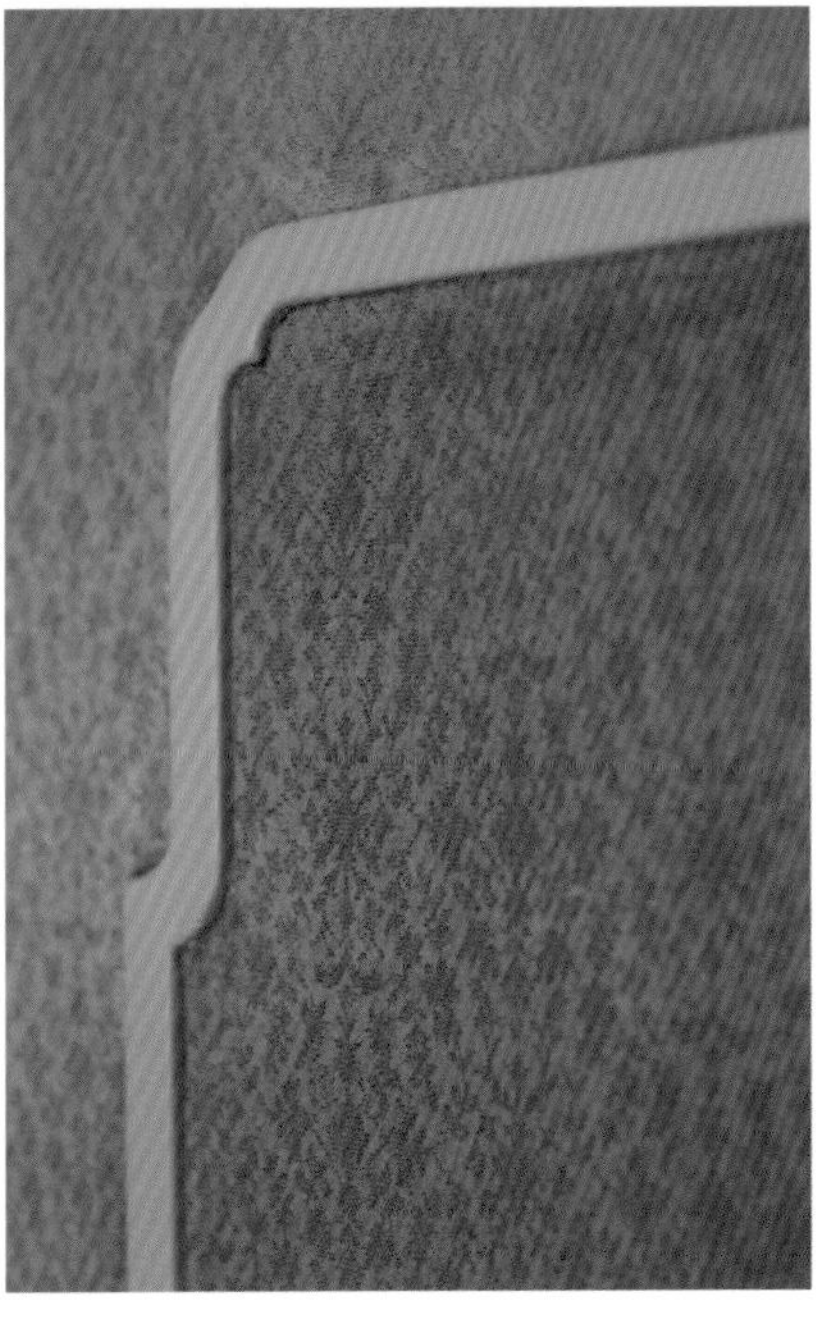

旧第一寝室回りの細部。ステンドグラスやタイルとともに
天井の漆喰装飾や壁面の木製装飾など細やかなデザインが施されている。

階段踊り場。露出した垂木などの部材には手斧によるハツリが施され、黄色みがかったステンドグラスを通してもたらされたその薄暗さに、中世風の静寂な空間を感じる。この前田別邸の魅力的な見どころの空間。

no.20

旧鎌倉市長谷子ども会館

明治期の洋風化の流れを象徴する西洋館

上／2階のアールのあるバルコニー。屋根には目立たないが、棟飾りがある。下／出入り口の細部。

横浜の山手資料館として利活用されている建物は、1909（明治42）年に建てられた住宅の洋館部を移築したものだ。この鎌倉市長谷子ども会館も同じ。1908（明治41）年に建設された福島別邸の洋館部が保存され、利活用されてきたものだ。

改めて建物を見てみると、凝った意匠が外観にちりばめられている。木造2階建ての建物は、全体が漆喰装飾で塗り固められている。正面には、1・2階ともにアール状のバルコニーが設けられ、2本の丸柱と壁面には2本の半円の付柱がある。柱頭は1階がドリス式、2階がイオニア式で、1階の柱頭の真下と柱が支えている梁には、メダリオン飾りが付いている。2階の手摺下には大小の円を組み合わせた鋳鉄製のグリル、軒下には持ち送りと、全体が華やかで装飾豊かなデザインでまとめられている。

DATA

竣工：1909（明治42）年
設計：不詳
住所：〒248-0016 神奈川県鎌倉市長谷1丁目11
アクセス：江ノ電「長谷駅」より徒歩6分
内部は非公開

1・2階の独立した丸柱が、建物全体に緊張感を与えている。1階の柱頭下には、メダリオン装飾と呼ばれる円形状の立体装飾が見られる。屋根の軒裏には、持ち送りがぎっしりと並び、2階の手摺の鋳鉄製のグリルも豊かな装飾性が感じられる。

no.21

旧鎌倉銀行由比ガ浜出張所（THE BANK）

モダンな外観が鎌倉の街角にアクセントを与える

狭いながらも内部には濃密な空気が漂う。

左右対称を基本とした、
凛とした外観。

キャノピーの上の外壁には、かつての銀行名が残っている。

内部のカウンターも、銀行建築としての面影を残している。

銀行時代の名残をとどめる魅力的な小建築

鎌倉駅から鎌倉文学館に向かって由比ガ浜通り（県道311号）をブラブラ歩いていると、この通りがかつては繁華街だったことを教えてくれる、数々の雰囲気のある歴史的建造物に出会う。

そんな中で、ハイカラで、ちょっとモダンさ感じさせてくれるのがこの建物だ。通りから枝分かれする小道との間にできた小さな三角地に建つ。

この建物は、現在の横浜銀行に吸収合併された鎌倉銀行の支店として、震災後の1927（昭和2）年に建てられた。小さいながらも、構造は最先端の鉄筋コンクリート造を採用している。しかも、建物全体のデザ

付柱の柱頭装飾はアール・デコ、２階窓台下の直線装飾はセセッション風。
最上部の幾何学的な帯状装飾が、鉢巻きのように建物のデザインを引き締め、重要なアクセントとなっている。

インは柱型のある古典主義を基本としつつも、柱頭はアール・デコ風の幾何学的装飾といえ、これもまた当時の最先端のデザインだ。小粒だが、しっかりした存在感の感じられる建築なのだ。

戦後は銀行としての役割を終え、病院に転用され、その後もバーやレストランとして利活用され、今日に至っている。こうして転用されつつ、現在でもその姿を見せているのは、そのモダンな外観がいまだ人々を惹き付けるためだろう。

DATA

竣工：1927（昭和２）年
設計：不詳
住所：〒248-0014　神奈川県鎌倉市
由比ガ浜３丁目１-１
アクセス：江ノ電「和田塚」より
徒歩２分
THE BANK・営業日、営業時間については
公式インスタグラム参照
Instagram：thebank_kamakura

no.22

のり真安齋商店

伝統的な商家の佇まいを今に伝える

DATA

竣工：1924（大正13）年
設計：三橋幾造
住所：〒248-0016　神奈川県鎌倉市長谷1丁目15-1
アクセス：江ノ電「長谷駅」より徒歩3分
内部は非公開

正面の揚戸（あげど）が当時の面影を一層引き立たせている。

由比ガ浜通りに面した歴史的建造物のひとつ。関東大震災直後の1924（大正13）年竣工と伝えられるこの建築は、乾物を扱う「のり真安齋商店」。建物もさることながら、「大正拾参年九月大吉　建築費用帳」と題する工事に関わった人々や諸費用が記された貴重な資料も現存している。その「建築費用帳」によれば、大工は鎌倉を代表する人物の三橋幾造である。

建物は、店舗部分は平屋で土間と板床の帳場からなり、その奥に階上に続き間の座敷を構えた2階建ての建物が続く。外壁は伝統的な下見板張りで、土間の正面の建具は揚戸《あげど》。今でも当初の様子をよく残しているのは貴重だ。屋根は平屋部分も2階建て部分も寄棟瓦葺きで、道路からは店舗部分の平屋の屋根がよく見える。

no.23

對僊閣《たいせんかく》

街道沿いの貴重な旅籠《はたご》建築

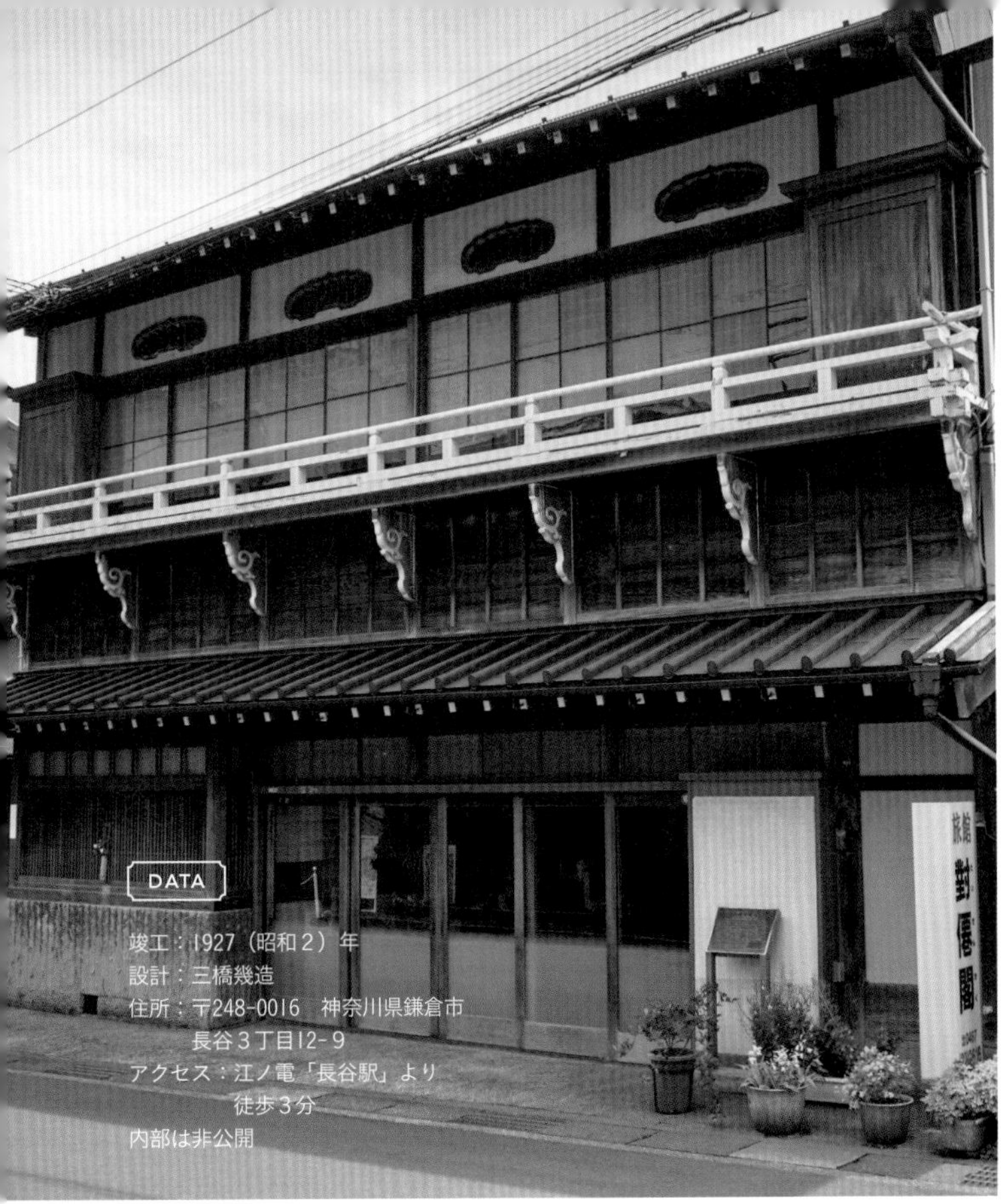

DATA

竣工：1927（昭和２）年
設計：三橋幾造
住所：〒248-0016　神奈川県鎌倉市
長谷３丁目12-９
アクセス：江ノ電「長谷駅」より
徒歩３分
内部は非公開

１階の格子窓の腰壁はコンクリートを用い、木製風の仕上げとしている。玄関部には、人造石研ぎ出しの傘立てなど、今は廃れた優れた左官仕上げのものがある。

長谷寺の参道に建つ旅籠建築。敷地は細長い短冊形で、建物は北を正面に道路沿いに建つ。表に面した北棟から中棟、南棟と３棟の建物が並ぶ。３棟ともに１９２７（昭和２）年の建築といわれ、切妻屋根の木造２階建てである。

道路からみえる北棟は、その外観が極めて印象深い。建物の背が高く、２階全面に高欄《こうらん》が配され、それを支えるために設けられた７枚連続して配された板状の持ち送りは否が応でも目に入る。この持ち送り板には若草の絵様が施され、高欄そのものにも品の良さが感じられる。また、２階開口部の上の小壁には楕円形状の曲線による格狭間風《こうざまふう》の欄間窓もあり、そのファサードには圧倒される。

設計施工を行ったのは、鎌倉の大工の三橋幾造。先の「のり真安斎商店」を手掛けた大工である。

no.24

かいひん荘鎌倉

大正時代の香りを残す趣のある洋館

1階洋室のインテリア。天井の格縁が対角線を描き、また、壁周囲の廻り縁の下には、帯状の花綱飾りとツボをモチーフにした浅い彫のレリーフが見られる。出窓際のアーチ状の小壁の様子から、この装飾は後の補修かもしれないが、クラシカルな品の良い装飾模様だ。

エントランス越しに洋館の急勾配の切妻屋根が見える。

ボウウインドウの外観。1・2階まで連続し、屋根には尖がり屋根が載る。

出窓尽くしの変化に富んだ外観が魅力

和館と洋館からなる住宅の洋館だけが現存し活用されていることは、「鎌倉市長谷子ども会館」のところで記したが、この建物もそのパターンである。関東大震災後の鎌倉には、都心の住宅が被害を受け、明治期に構えていた別荘を住まいに建て替え、鎌倉を居住地とする人が増えていた。現在、旅館として活用されているこの建物も、震災直後の1924（大正13）年に建てられた住宅で、建設当時は約860坪ほどの敷地に洋館と大きな和館があり、洋館だけが当初の姿をとどめている。

洋館の特徴は、複数のベイウインドウと呼ばれる出窓の織り成す凹凸とその空間である。小規模の建物に

1階洋室の4隅には持ち送りが配され、天井際の廻り縁と対角線上に配された格縁を支えている。

もかかわらず、1階には3か所の出窓があり、その形状も弓形状のものと多角形状のものが見られ、まさに出窓尽くしの洋館といえる。急勾配の切妻屋根の妻壁に見られる装飾は古代エジプトで使われていたヒエログリフのひとつで、ファラオの名前を囲む曲線であるカルトゥーシュ（cartouche）と呼ばれるものであるという。

内部には外観以上に細部にまで装飾が施され、クラシカルなデザインとともに、階段親柱にはセセッション風の幾何学的な装飾も見られる。

DATA

竣工：1924（大正13）年
設計：不詳
住所：〒248-0014　神奈川県鎌倉市由比ガ浜4丁目8-14
アクセス：江ノ電「由比ヶ浜駅」より徒歩1分

no.25

日本基督教団　鎌倉教会

若宮大路沿いに立つゴシック様式の教会

講壇に設けられた3連の尖がりアーチ窓。ステンドグラスが嵌め込まれ、十字架とブドウの枝と実が表現されている。オリジナルのステンドグラスは、現在は別途保存されている。

ファサード。塔屋にはトレーサリーで分割された大きな尖がりアーチ窓、その上に丸窓、増築部分の4階にもトレーサリーで分割された尖がりアーチ窓がある。

教会堂内部。後方にはパイプオルガンがあり、背後には2階のガラス窓が見える。

塔屋に増築された4階部分。石積風の目地を設けた控え柱を配すなど、全体のデザインの統一を意識している。

増築した鐘楼は由比ガ浜のランドマークに

日本の近代化のひとつの象徴が、各地に現存する教会堂建築だ。徳川時代はキリスト教の布教は厳しく取り締まられ、迫害も行われた。それが明治になると解禁され、各地に多くの教会堂が建てられた。

鎌倉でキリスト教の伝道が行われたのは1895（明治28）年からで、1900（明治33）年に初めて木造の会堂が建設された。現在の会堂は、1926（大正15）年に竣工している。

建物は3階建ての塔屋を中央に備えた左右対称の2階建てで、戦後に塔屋の4階部分に鐘塔が増築されている。構造は鉄筋コンクリート造であるものの、4周の壁部分だけで、内部の間仕切りや2階の床は木造で

説教壇に置かれた家具類。ゴシック建築と同様に垂直線を強調するデザインで、背後の衝立の上部には四葉模様（クワトレフォイル）があり、またイスの背には装飾として塔屋同様にトレーサリーで分割された尖がりアーチがあるなど、建物と共通したデザインが見られる。

ある。

建物正面の塔屋には大きな尖がりアーチ、その上には円形のバラ窓があり、外壁にはバットレス（控え壁）が付くなどゴシック様式を基本とした建築といえる。平面形式は、単廊型のT字形で、正面に説教壇が設けられ、単廊部分の天井は尖がりアーチをつぶしたような形状の船底天井である。

設計者は、アメリカのペンシルベニア工科大学で建築を学び、1909（明治42）年に帰国したことで知られる建築家・吉武長一である。

DATA

竣工：1926（大正15）年
設計：吉武長一
住所：〒248-0014　神奈川県鎌倉市由比ガ浜２丁目２-６
アクセス：JR「鎌倉駅」西口より徒歩６分

中央ホールを囲む部屋のひとつに設けられた舞台。プロセニアムアーチと呼ばれる大きなアーチで舞台が額縁のように仕切られている。

no.26

ハリス記念鎌倉幼稚園

梅鉢型の個性的な内部

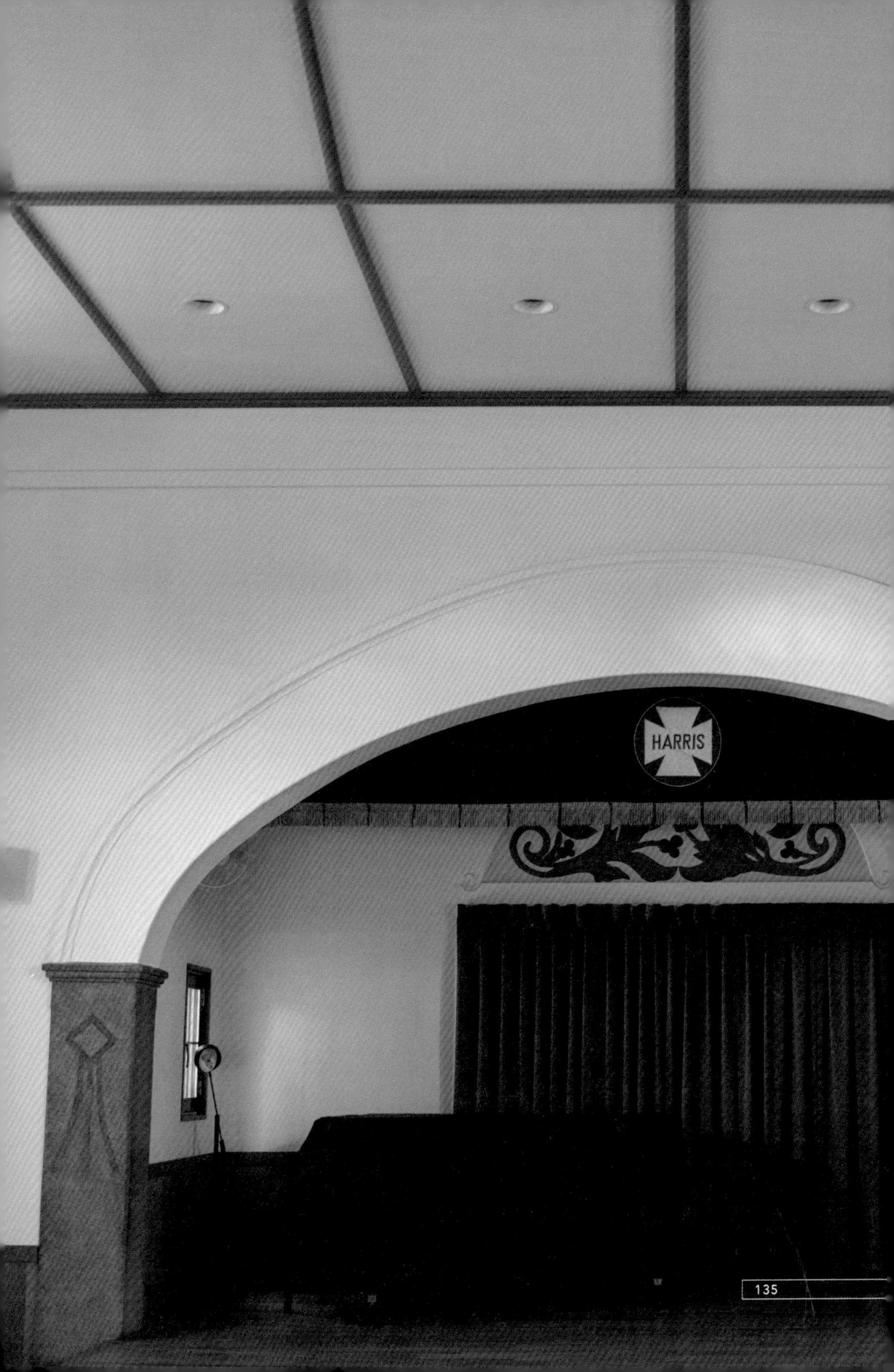
HARRIS

プロセニアムアーチを支える柱部分の装飾。

上／正面玄関。下／幼稚園らしく、子供たちの遊具が置かれている。

アメリカ人宣教師夫人の幼児教育への思いを継ぐ幼稚園

日本基督教団鎌倉教会の創立者・美山貫一牧師は、教会堂竣工9年後の1909（明治42）年、幼稚園を創設した。開設にあたっては、その直前の1909年9月に亡くなったF・B・ハリスによる事業の勧めと地元の篤志家の献金が基金となった。そのため、幼稚園には「ハリス」の名が付いている。ハリスは、明治初期から函館を中心に布教活動を行う傍ら、女子教育の必要性を主張し、遺愛女学校を創設するなど、多くの足跡を残した。

開設当時、幼稚園は独自の建物を持たなかったが、1910（明治43）年に新園舎を新築。1920（大正9）年に初めて八角形状の集中式ホ

中央ホールの天井と周囲に設けられた尖がりアーチ窓。

ールの建物ができた。ただ、直後の関東大震災で倒壊し、1925(大正14)年に現在の建物が完成した。この建物は鉄骨鉄筋コンクリート造で、平面形式は創建時の八角形を踏襲し、遊戯室となる中央ホールを囲んで玄関と舞台と3つの教室を放射状に配置している。また、中央ホールの一部をギャラリー風の2階とし、残りは大きな吹き抜けとなっている。柱のない大きな中央ホールに屋根をかけるため、小屋は鉄骨トラスを用いるなど、構造的にもよく考えられた建築といえる。

DATA

竣工：1925（大正14）年
設計：不詳
住所：〒248-0014　神奈川県鎌倉市由比ガ浜2丁目2-33
アクセス：JR「鎌倉駅」西口より徒歩6分
開館時間：非公開

表の塀の腰部分。贅を凝らした造り。巨木の１枚の板張りで、生節がまるで装飾のように見える。

no.27

吉屋信子記念館

女流作家が最後に建てた終の棲家

応接室から襖で仕切られた和室を見る。

和室から庭を見る。和室の障子は荒組障子。上の欄間には吊り束がなく、天井も和室と縁側が連続するのは吉田流。

屋敷への門と塀。

細部にまで凝らされた吉田五十八の技巧

大衆小説家ともいわれる吉屋信子は、時代を超えた感性を備えたモダンな女流作家で、文学だけではなく住宅にも強いこだわりを持っていた。1936（昭和11）年の東京の住宅は、1930年代にいち早く伝統的な数寄屋建築を近代美学の感性をもとに再構成した建築家、吉田五十八に住宅を依頼した。戦災で焼けたため、新たな住宅も吉田に依頼し、さらに、この晩年のための鎌倉の住宅も吉田に依頼した。まさに吉田のモダン建築に魅せられたひとりだった。

木造平屋の建物は中央の大きな部屋が応接室で、太い柱と梁を見せている。南側には荒組障子があり、庭へと続く。西側には床が一段高い和室が続くが、その奥には部屋幅の大

応接室のソファーも吉田五十八のデザイン。

寝室の鏡。

畳床があり、落とし掛けはあるものの、床柱はない。背後の壁に半柱の柱が見えるだけである。また、壁には柱が見えない大壁造りの部屋など、吉田流の技法が展開されている。和室の背後には、書斎と寝室がある。一見すると凝っているように思えないシンプルなつくりだが、たとえば応接室の天井は板をわずかな隙間を取って斜めに張る目透かし張りとし、その目地は銀色に輝いている。こうした吉田五十八流のモダンな処理が随所に施された見どころの多い住宅だ。

DATA

竣工：1962（昭和37）年
設計：吉田五十八
住所：〒248-0016　神奈川県鎌倉市長谷1丁目3-6
アクセス：江ノ電「由比ヶ浜駅」より徒歩7分
一般公開日あり。詳細は公式HP参照

上／応接室を見る。斜めの目透かし張りのモダンな天井。
下／船底風の寝室の天井。

上／書斎。藤棚の見える開口部の障子は雪見障子で、半分開けて外が見られる。左側の棚は本棚。戸を閉めると本は見えない。いわゆる本棚のない書斎を目指したものだ。下／吉屋は住宅を依頼する際、「奈良の尼寺のように」と希望したという。通りとは高い塀で仕切られ緑一面に囲まれた建物は、ひっそりと自立した生活を行う尼寺のようでもある。

葉山・藤沢・その他

no.28

no.32

エリア

no.28

加地邸

葉山の自然と調和するライト風住宅の傑作

上部が吹き抜けになった居間の空間。4隅には大谷石の柱部があり、太い梁材などの水平材を構造的に支えている安心感が感じられる。暖炉も床に置かれた家具も、水平線・垂直線を強調した幾何学的デザインだ。

上／居間を２階から見下ろす。
下／食堂からガラス越しにテラスを見る。

居間の南庭に張り出した日光室。
多角形状の部屋で、扉の開口部や家具にも多角形のデザインが繰り返し用いられている。

玄関ホールの扉から居間をのぞく。扉には６角形状の開口部が２つ並び、その向こうの独特の空間に導く。

居間の吹き抜けの両側にある中２階部分を見上げる。

師の理念を追求した遠藤新の代表作

F・L・ライトの高弟として知られる建築家の遠藤新。師であるライトの魅力的なデザインは、人々を惹き付け、新しいデザインを志向していた建築家たちを虜にした。そんな弟子たちの中で、遠藤はライトと同じ視点でデザインを考え、実践していた建築家といわれている。その遠藤の代表作のひとつが、この1928（昭和3）年の加地邸だ。

　ライトが持ち込んだ魅力は、集約すると2つに大別できる。そのひとつは、空間の魅力を感じさせる設計である。具体的には、床面の高低差、空間の明暗、あるいは、狭い・広い、低い・高い、といった空間感覚の変化を積極的に生かしていることであ

居間の背後のビリヤード室。暖炉の両側の６角形状装飾のある建具と細長い嵌め殺しのガラス格子窓とで緩やかに居間と繋がっている。

る。もうひとつは、家具調度類と建築そのものとのデザインに統一感をもたせることである。
　近年、床面の高低差はバリアフリーという点から批判され、また、家具類と建築デザインの共通性の追求は商品化社会では否定されつつある。そんなことを考えながら、この豊穣で個性豊かな空間に身に置くと、こうした空間を生み出す原理を否定することが不思議に思えてくる。

DATA

竣工：1928（昭和３）年
設計者：遠藤新
住所：〒240-0111　神奈川県三浦郡葉山町一色1706
アクセス：京浜急行バス「旧役場前」より徒歩３分
利用方法：公式HP参照
（一般の見学は受け付けておりません）

玄関へのアプローチ。道路から少しずつ階段で上がりながら建物に近づく。このシークエンスが人々を内部へと誘う。

上／2階から外部の景観を望む。下／斜面という立地を生かしながら、
水平線を基調とし、それに凹凸感を加えながらも全体としては明快でシンプルな造形を生み出した。

no.29

旧足立正別邸

ハーフティンバーが印象的な昭和初期の貴重な邸宅

ハーフティンバーの外観。外観は古風な
様式を基調としているが、開口部が大き
く、昭和の洋館であることがわかる。

エントランス。扉や屋根を支える部材などにハツリなどの古風な表現が見られる。

玄関ホール。市松模様のタイル張の土間。

新建材「トマテックス」の可能性を追求した実験住宅

旧足立邸は、１９３３年（昭和８）年に竣工した洋館だ。一見すると、イギリス中世のチューダー様式のハーフティンバーを取り入れた洋館といえる。この様式は明治以降の洋館で頻繁に採用されており、デザイン面では決して新しいものではない。ただ、建物の材料や工法に注目すると、斬新な試みを行った住宅であったことがわかる。この住宅は、内壁はもちろんのこと、外壁も「トマテックス」という商品名で売り出された新建材を用いているのだ。

このトマテックスは、苫小牧の王子製紙が開発したもので、建築のローコスト化をめざした建築材料だった。当時、ドイツでW・グロピウス

階段上部の吹き抜けの天井。「トマテックス」を用いた凹凸のある天井は、まさに当時流行していた典型的なアール・デコのデザイン。

が建築工期の短縮化をめざし、水を用いない乾式工法を主張していた。こうした動きを受け、王子製紙は木質系繊維板の開発を行ったのである。施主の足立正氏は、王子製紙の役員で、開発した新建材の可能性を自ら自邸で証明しようとしたのである。

設計は、早稲田大学教授の佐藤功一。佐藤は、トマテックスの品質や性能の実験を依頼されていた。そのため、足立は、トマテックスの広報のためにも、佐藤にこれを用いて別邸を設計することを依頼したのだ。

DATA

竣工：1933年（昭和８）年
設計：佐藤功一
住所非公開

上／食堂の出窓部分。
下／応接室の内部。壁と天井がトマテックス。天井は目地を強調している。

2階へ向かう階段の壁と天井もトマテックス。板状の「トマテックス」は3尺、6尺といった伝統的単位で生産された。
そのため、内壁では、目地を意識した張り方が展開された。

居間の内部。暖炉もその背後の棚とともに対面に置かれたソファーも、水平線を意識したデザインとなっている。正面は、奥の畳敷きの座敷との境にある建具。細い縦格子が居間と座敷を緩やかに繋いでいる。

no.30

旧近藤邸

水平線を生かしたライト風デザインの別荘建築

奥の廊下から寝室を見る。子供が多い家族だったため、寝室は畳敷きだった。建具は、板材とガラス板を幾何学的に分割したデザイン。アール・デコ風ともいわれることがある。

畳敷きの寝室の座卓は、遠藤新が設計した別の住宅より寄贈されたもの。多角形状なのは、大勢の人が利用できるようにとの工夫でもあるという。

「プレーリースタイル」を基調としたモダン建築

幕末以降、日本に次々と西洋建築が導入された。明治初期には新古典様式の流れに沿う建築が、そして1900年代前後の明治中期以降には、欧米で提案された伝統建築を超えた「近代」の新建築が紹介される。

そんな欧米の新建築が、大正時代になると次々と日本にも出現し始めた。大正時代は、建築様式的にみると豊穣の時代だったのである。とりわけF・L・ライトの影響は大きく、ライト自身が来日し、1923（大正12）年に竣工した帝国ホテルなどの個性的な作品を日本に残したこともあり、ライトの薫陶を受けたライト派の建築家たちが登場した。

この旧近藤別邸は、ライト派を代

居間の暖炉。大谷石による暖炉は、シンプルだが、全体が低く、水平線を意識したデザイン。

表する遠藤新の作品で、ライトの主張した「プレーリースタイル」（草原住宅）の影響が色濃く出ている。その特徴は、水平線を強調することだ。平屋を原則とする日本の伝統建築とも共通性が感じられ、屋根の軒先の鼻隠し板が建物を一周し、水平線を描いている。外壁も板材を水平に張り、かつ、目地部分に目板として細い角材を水平に張り付けるなど、建物全体が水平線を表現しているのだ。こうした水平線は内部でも展開されており、今でもモダンさを感じさせる要因となっている。

DATA

竣工：遠藤新
設計：〒251-0026　神奈川県藤沢市鵠沼東8－1
JR・小田急「藤沢駅」より徒歩10分、江ノ電「石上駅」より徒歩7分
開館時間：9:00〜17:00
月休（祝日の場合は開館）、翌祝日（土・日・祝にあたる場合は開館）、年末年始休

上／水平線を強調した外観。ライトのデザインを遠藤流に表現したものといえる。
下／居間の奥の座敷。菱形の窓とその下の机の水平に伸びた天板の構成は、現代的な付書院のデザインの提案にも見える。

玄関部を見る。外壁の下目板と目板が水平線を強調している。
扉は、ガラス板と木板を幾何学的に分割したモダンなデザインだ。

no.31

星野写真館

アール・デコ風のデザインを取り入れた看板建築

１階のスクラッチ壁に開けられた丸窓。鉄のグリルもアール・デコ風。

DATA

竣工：1927（昭和２）年頃
設計：不詳
住所：〒248-0033　神奈川県鎌倉市腰越３-14-２
アクセス：江ノ電「江ノ島駅」より徒歩４分

地方を訪れた際、近代化を伝える建築としてよく目にするものに銀行や病院、そして、写真館がある。家庭の成長や変化を記憶するために、かつては家族が揃って写真館を訪れ、利用した。そうした地域の人々の思い出の場として写真館は大切にされてきたように思う。

この星野写真館もそのひとつ。この建物は１９２７（昭和２）年頃のもので、関東大震災直後、東京で流行した伝統的商家の正面部分だけを銅板やモルタルで仕上げた看板建築といえる。それでも、正面部分のデザインは秀逸だ。１階部分は当時流行していたスクラッチタイル張りで、正面右隅には丸窓がある。２階部分も手の込んだデザインで、アール・デコ風のモダンさが感じられる。なお、側面の2階部分の全面ガラスの開口部は、採光を必要とする写真館ならではの姿を示している。

水平線と垂直線と丸窓の構成がモダンさを感じさせる。

no.32

大船軒　茶のみ処

豪華客船を思わせるアールデコ建築

青空にすっきりとしたデザインが映える。

エントランスから中をのぞく。

上／屋根を見上げる。まるで豪華客船でも眺めているようだ。下／典型的アール・デコのデザインが際立つエントランス。柱頭飾りや欄間部分のスチールを用いた桟のデザインは、モダンで軽やか。

駅弁の老舗「大船軒」の社屋として建てられた

鎌倉という地名は、それだけで魅力的で人々を惹き付けるようだ。鎌倉という行政地区と一般にイメージされる鎌倉エリアは異なり、時には大船も鎌倉の一部として扱われることがある。

その大船駅前で旅館を営んでいた富岡周蔵は、1898（明治31）年に販売許可を得て、駅弁販売の大船軒を興した。親交のあった明治政府の重鎮の黒田清隆からサンドイッチの話を聞き、駅弁サンドイッチを考案したという。ただ、駅弁サンドイッチは瞬く間に普及してしまい、新たなオリジナル性を獲得するために相模湾で獲れる「鯵」を用いた「押寿し」を1913（大正2）年に考

室内の小窓の桟にもエントランスの欄間と同様のデザインが見られる。

天井にも鮮やかな装飾が見える。鉄板をプレスしたものか。

案した。

　大船軒は、その後の1931（昭和6）年に株式会社となり、社屋も建て替えた。工場兼本社事務所としての使用されていた建物で、1階は「大船軒　茶のみ処」で、他は本社事務所として使われていた。

　新社屋の建物は、鉄筋コンクリート造3階建ての典型的なアール・デコ様式である。全体を包む明るい黄土色とともに規則正しく縦長の窓が配され、3階部分の屋上のパラペットを立ちあげた外壁に並ぶ2つの丸窓が、独特のアクセントとなっている。

DATA

竣工：1931（昭和6）年
設計：不詳
住所：〒247-0072　神奈川県鎌倉市岡本2丁目3
アクセス：JR「大船駅」より徒歩5分
「大船軒　茶のみ処」は2023年5月末に閉店。現在は内部は非公開。

上／室内の開口部の欄間も共通したデザインが続く。照明器具もアール・デコ。
下／縦長窓による戦前期特有の雰囲気が漂う室内空間。

階段のアーチ状開口部から玄関ホールを見下ろす。

文化的で豊かな日本の一時代を象徴する街

対談

中島京子×内田青蔵

■『小さいおうち』でも描かれた別荘地としての鎌倉

内田　鎌倉には、よく来られますか？

中島　鎌倉は好きな街で、わりと頻繁に来ています。ここ「鎌倉文学館」も何度か訪れたことがあります。

内田　「鎌倉文学館」では鎌倉にゆかりのある川端康成や夏目漱石、芥川龍之介、与謝野晶子などが紹介され、資料が展示されていますが、今でも鎌倉には文学者が多くお住まいですよね。

中島　そうですね。藤沢周さん、高橋源一郎さん、角野栄子さんといった方々がいらっしゃいます。町田康さんは熱海に引っ越されましたが、鎌倉にも住んでおられました。私も鎌倉に住むのもいいなと思っているので、羨ましいです。

内田　鎌倉は歴史のある街ですが、明治時代からは都市に対する別荘地として開発され、関東大震災以降は住宅地となっていきます。作家の方々にとっては、別荘などは特に創作意欲をかきたてられるものなのでしょうね。

中島『小さいおうち』では、物語の舞台として鎌倉を少し出しています。家の主のお父さんが勤めている玩具会社の社長が鎌倉に別荘を持っていて、そこに家族が招かれます。家族で海水浴に行き、ある出会いのシーンを描きました。

内田　別荘の暮らしを思わせる描写ですね。鎌倉の文化の一つですね。

中島　物語で描いた時代は戦前なのですが、当時の時代背景や暮らしを文献などで調べていくと、鎌倉はこんなところだったのかという発見がありましたね。戦争がすでに起こっている一方で、日本はとても文化的で豊かな印象があり、鎌倉の街や別荘はそうした時代の象徴的な存在だと思いました。

■「作家の住まい」の心地良さ

内田　私は住まいの研究をしている職業柄、「どんな住宅がいい住宅ですか」とよく聞かれます。決まった答えはないのですが、「例えば作家さんが住んでいる家は、きっと参考になりますよ」とお答えするんです。これまで現代人にとって住宅は、夜に帰ってきて寝て、朝また仕事で出て行く場所でした。寝て食べるだけの生活で、家でホッと安らげるような使い方はしてこなかったのですよね。でも、作家さんは家で仕事をすることが多いので、気を抜けるところもいろいろ設けています。無駄に思えるような空間を、気分転換の場所として有効に活用している住まいが、最も心地良いのではないのかと思うのです。

中島　そうですね、コロナ禍で家にいなくてはならない期間がずっと続いたので、特にそう思います。私たちは家にいる時間がもともと多いのですが、さらに外に出ずに家にいましたからね。仕事を含めて、家での居心地がいいというのはどういうことなんだろうと考えざるを得ませんでした。日常を楽しむとか豊かなものにするということが大事だなと思いましたし、普段は忙しいから忘れているけど、忘れると殺伐としてくるのだなということを考えました。

内田　また家も大事ですけど、鎌倉は身近に山や海、緑や水があります。閉ざされた住まいだけではなく周辺も含めて、やっぱり生活は本来こういうものじゃないかな、ということを皆さん発見されたのではないでしょうか。別荘地の軽井沢などに移住する方も、けっこういましたし。

中島　そうですね。在宅ワークが増えて、会社に通わなくても家で仕事ができるという方は、仕事以外の時間をもっとプライベートにあてることに意識が向かいました。

内田　そうした意味では、これからの住まいづくりは少し変わるんだろうなと思っていますし、鎌倉は伝統的で懐が深い街ですので、惹かれて住む方々が忘れ去られていた街の魅力をまた掘り起こしてくれるかもしれませんね。

鎌倉の建築ブームと旧前田侯爵邸（鎌倉文学館）

中島　鎌倉には、この文学館となった旧前田侯爵家の別邸以外にも、別荘はたくさんあったのですよね。

内田　そうですね。ただ、関東では大震災と戦災の影響が大きく、明治期の別荘は残念ながらほとんどなくなってしまいました。それでも、都心で震災の被害を受けた人たちが、鎌倉に住宅を建てて移住してきた経緯があります。鎌倉には大正時代の家屋も残っていますが、多くは昭和に入ってからの住宅です。

中島　『小さいおうち』を書くときに、いろいろリサーチをして、内田先生にも教えていただいたりしました。昭和11年ごろには、戦争が激しくなってくると資材が高騰するだろうから、今建ててしまおうという建築ブームがあったという記述を見ました。

内田　そうですね。基本的には震災後に建設ブームがあり、建材が高くなり職人さんの日当も高くなりました。そのときに、需要を見越してアメリカやカナダなどから建築部材を買って商売をし始めるような人も出てきました。ただ、当時の建物は戦災や建て替えで少なくなりました。

中島　そうしたなかで、この建物は残ったのですね。

内田　はい。前田家は東京の駒場の広大な敷地に、RC造の立派な自邸を建てました。しかし、軍人であった前田氏は、軍国主義に進む時代に合わせて家族で東京から鎌倉に移り住むことにし、別荘を建て替えました。住宅の規模としては、今の我々からすると大きく感じますが、前田氏は東京のものと比べるとかなり小ぶりな建物をつくった感覚があったと思います。間取りは真ん中に廊下を通して両側に部屋をつくる「中廊下型」で、近代の住宅の間取りを用いてコンパクトにきちんとまとめられています。おそらく当初から別荘としてではなく、本邸として使う狙いがあったのだと思います。

文学にも共通する和洋折衷の文化

中島　所々に、和洋折衷の様式があって面白いですね。外観でも、スパニッシュ瓦で屋根が葺かれているけど、気候風土から庇を付けて雨樋を付けていることを、先ほど先生からお聞きして。雨樋があると日本的に感じます。

内田　竣工した昭和10年代の当時、日本的な要素がデザインに入っているのは、軍国主義的な時代背景もありますし、西洋のものを取り入れるなかにも自分たち独自の文化があるということに気づいて発信する意識の現れでもあります。建築家たちにとって、大正時代あたりからは、新しいものをどのように日本独自のものと融合させてつくっていくかということが一つの大きなテーマとなりました。

中島　そのような背景があったのですね。

内田　例えば、この建物の暖炉周りは、床の間のイメージを重ね合わせて家の象徴としてつくられているように思います。日本の伝統的な文化をどのように新しいものと融合させていこうかという思考のなかで出てきた一つのデザインのように思いますし、昭和に入ると建築でだいぶ実現されてきたのですが、そのような流れは戦争でいったん切れてしまいます。戦争がなかったら、もっと和洋が融合して一体化した面白いデザインが出てきたかもしれないと思うと、残念ですね。戦後は物資も不足して、コンパクトな小さい住宅をつくる方向に進みました。合理主義という、戦前の日本の住宅にあった、無駄な空間や要素を排除しようという流れです。しかし、そうした無駄な部分にはけっこうな手間と時間がかけられていて、そうしたことが魅力につながっていたように思います。いいものはやはり、手間暇をかけないと育たない。日本の住宅は、まさにその典型だと思います。

中島　文学の世界でも、戦争の前後では大きな変化がみられました。開国して西洋の文化が一気に入ってきて半世紀以上たち、何がなんでも西洋を取り入れるという雰囲気がなくなり、昭和の初期には受け入れがなんとなくうまくいった感じがあったと思います。明治の作家たちは本当に苦労して、山田美妙や二葉亭四迷、尾崎紅葉のような作家が書き言葉を話し言葉に近づけようとする「言文一致運動」を進めました。そのため、多少、西洋の言葉と文語調が混在していたりギクシャクした感じがあるのですが、昭和に入ると、もっとナチュラルで滑らかな日本語文体ができてきて、太宰治のような作家が活躍します。そして戦後は歴史的仮名遣いが使えなくなるなどの劇的な変化が、強制的にもたらされました。やはり、日本が伝統をもち西洋のものを受け入れながら育ててきたものが、戦争で仕切られたところがあるのかなと思います。

内田　昭和の初期に著された谷崎潤一郎の随筆『陰翳礼讃』は、建築の世界ではいまも読み継がれています。確かに文学でも、日本の空間の魅力をきちんと書いてくれるような時代だったと思います。

中島　日本の様式と、ものすごくバタ臭い様式が同居している時代というのが、すごく面白いですよね。

■小説を書くときに家の「間取り」を考える

内田　中島さんの小説では、建物がよく出てきますよね。

中島　『さようなら、コタツ』という短編におさめられている話では、夫婦で古い家を買って修復して住む話があります。この本は、さまざまな部屋とそれぞれの住人の歴史を重ねながら書いた話を集めたものです。本のタイトルは「へやのなか」にしようかとも悩んだのですが、ある短編の題名からとりました。この話は、新しい恋人ができて、ちゃぶ台代わりにしていたコタツを捨てた日のことを書いたものです。ほかにも80畳の相撲部屋など、いろんな部屋が出てきます。私はインテリア雑誌のライターをしていたことがあって、取材でお宅に伺うと、まさに十人十色なのですね。同じ団地でも家ごとに全然違っていて、それは当たり前だけど面白くて。今でも家や部屋には興味が尽きませんし、インスピレーションの源の一つになっています。

内田　中島さんの作品では、建築のことがとてもよく表現されていると思います。建築物に対する表現は、簡単そうでいて意外とできないものです。西洋文学では、枕詞として建築の記述がよく出てきます。それほど建築やインテリアが身近に接しているということでしょうし、きちんと言葉で語れる世界がヨーロッパなどではできているのだろうと思います。一方で日本の建築を表現するのは、あまりできていないように思います。そうしたことを意識されることはありましたか？

中島　ヨーロッパには古い建物がたくさん残っているから、建築の記述が多いのでしょうね。「チューダー様式の」などという表現が、確かによく出てきます。私は、そうですね……、そんなにきちんと考えたことがありませんけど、小説を書こうというときに、家の間取りについては考えます。玄関から入って、どちらに曲がれば茶の間があるとか、団地の家であれば入ってすぐにお手洗いがあるとか。間取りについて細かく描写することはありませんが、なんとなく間取りが分からないと、その人のキャラクターがはっきりしないということはありますね。

内田　小説や漫画に出てくる家の間取りを検証する本が流行ったこともありますね。日本人は、間取りから立体的に空間やスケール感を把握できるので、関心が高いのでしょう。例えば6畳や8畳と聞いて、思い浮かべる広さは同じですから。西洋人はたぶん、そうした基準をもっていないと思います。

中島　そうなんですか。確かに3畳や4畳半といえば部屋のイメージがつきますし、部屋が2間といえば小さい家なんだなと思います。登場人物のキャラクターを表す要素として、家についての描写は考えますね。

内田　この建物にも畳を敷いた座敷がありますが、今つくられる高級マンションにはほとんど和室がないそうです。畳の空間がないと、子どもたちは畳を身近に接しないままに育ち、日本人からスケール感や空間感覚がだんだん失われるのではないかという危機感を抱いています。

中島　「2畳ほどの小さな庭」と書いても、読者に伝わらなくなるかもしれないのですか。「1辺が何メートルで何平米」と表現することになるのでしょうか。そんなことは考えもしなかったけど、どうなるのでしょうね。

内田　日本建築学会の私が参加している委員会では今、和室を無形文化遺産にしようという活動をしているんです。

明治以降に西洋と和が融合されてきた一方で、和のものが排除される動きもあったことから、畳のような和の良さを改めて伝えていくことが大事なのかなと思っています。

中島　畳の床は便利ですよね。姉に子どもが産まれたときは、赤ちゃんを転がしておけましたし、飲食店でも畳の小上がりがあるといろいろと便利に使われています。確かに現代の生活では和室をどう使うの、という話はありますけど、若い人のなかには団地を改修して畳で和室的なものを設えて、綺麗に使っている人も見ますよね。

内田　畳を〝発見〟し、新しい感覚で畳に触れる人も多いですね。面白がる人もいますから、畳すべてがなくなることは、きっとないのだろうと思っていますけれど。

中島　いいかたちで残ってほしいです。畳といえば、畳むという行為もすごく日本的ですよね。蒲団もちゃぶ台も畳むとコンパクトになり、重ねられます。折るというより、畳んで小さくしていくのは日本文化のコアにある気がします。

■建築家滋賀重列の自邸で過ごした子ども時代

内田　中島さんの小説には古い建物もよく登場すると思うのですが、古い建物はお好きですか？

中島　そうですね。今は「国際子ども図書館」になっている「帝国図書館」を主人公とする『夢見る帝国図書館』という小説も書いたことがあります。何に惹きつけられるのかは自分でもよく分からないのですが、たくさんの人が関わりをもち、やはり古い建物には魅力がありますね。建物に多くの物語があるからでしょう。の時間を過ごし、建物に多くの物語があるからでしょう。

内田　私は古い建物の保存に関わることが多いのですが、保存がうまくできる建物は、愛されるようなストーリーをもっているのですよね。そのストーリーが皆さんに理解されると、本当に建物を大事にしてくれるのです。古い建物はきちんと調べていくとストーリーが描けるのですが、時間がかかりますし、言葉にしてあげることがなかなか難しい。それこそ、中島さんのご実家の「旧滋賀邸」では保存に関わらせていただきましたが、残すことができて本当によかったと思います。

中島　その節はいろいろとお世話になりました。

内田　もともと私は建築家であり教育者でもあった滋賀重列さんのことを調べていたのですが、彼が設計した建物はもうほとんど残っていませんでした。そのようななか、中島さんのご実家は彼が手掛けた自邸だということで、見せていただいて感激したことを覚えています。日本の住宅の歴史を振り返ると、滋賀さんが新しい住宅の基礎をつくり、教えた建築家たちが実践していたようなところがあります。近代での彼の位置付けがますます必要ですし、資料だけでなく残された建物を解読するなかで、さらに新しい事実が発見されていくことでしょう。

中島　祖母が滋賀の娘で、その家にずっと住んでいました。小さいころ、子どもながらに他の家とは少し違っていることを感じ、面白かったのを覚えています。

内田　あの旧滋賀邸は、玄関の部分がとても魅力的でいいですね。玄関脇に少し大きなテラスが少し大きなテラスがあって、そこにテーブルと椅子を置いて通行く人を見ながらお茶を飲めるような空間になっています。生活を見せながら近所の人とコミュニケーションをとる、アメリカの家のベランダを連想させるものです。

中島　そうなんですね。家の中に入ると滋賀の肖像画が掛けてある壁があって、何か怖いのでなるべく見ずに通ろうとしていましたね。でも、先生たちに調べていただいて保存することになると、その絵の顔が笑っている気がするって、家族みんなで言っていたんです。こちらの気持ちが変わると、見え方が変わるのかもしれないのですが、面白いですよね。

内田　そんなことがあったのですか（笑）。

■住み継がれて変化する家

中島　家も、手をかけると喜ぶのではないでしょうか。家は生き物みたいなところがありますよね。家を見るのは大好きで、旅行先では国内でも海外でも、見学できる住宅を探します。家によっては、住まい手の代が変わると建て増したり、スタイルが異なるものが付け足されてつながっていたりします。それはそれで歴史を感じて味わいがあるので面白いなと思って見るんです。

内田　本当にそうですね。重要文化財のありようと建物の価値に対する見方も変わってきました。これまでは古い建造物が指定を受けるときには、復原することが一般的でした。例えば、昭和11年に建てられた建物であれば、現在に至るまでの改修や増築は撤去して元の姿に戻すということです。でもよく考えると、家で生活する家族の成長とともに変化して建物が残っているのであれば、その過程を取り払うのはおかしな話です。現在の姿を残すのも文化財の一つのあり方で、新しい表現として必要ではないかということが、専門家の間では盛んに言われていることです。大きな建物では、ある一つの空間だけを文化財として残してほかはそのままにするといったことも、今後は出てくるのではないかと思います。

中島　なるほど。変化が見て分かるのも楽しいですし、建物は使っていかないと残りませんしね。

内田　そうなんです。変化している面白さに対して評価されるようになれば、新しい見方になると思います。今はもう、壊す時代ではありませんし。ただ、建物を残してキープするにもお金がかかります。鎌倉市役所の近くにある築約九〇年の「旧鎌倉図書館」は解体が撤回されて保存することが決まりましたが、整備費用に多額の費用がかかることがわかり、大変なようです（*）。海外のように、寄付の仕組みと文化が根付けばいいのですが。

中島　なるべく壊さずに生かしてほしいものですが、難しいですね。今はクラウドファンディングが日本でも盛んに行われていますから、変わっていくかもしれません。

内田　そうですね。先ほども言いましたが、いいストーリーがあれば、賛同してくれる方はけっこういるはずです。この文学館も改修して次の世代に残そうとされていますが、なにしろ規模が大きいので約4年の期間がかかる予定だそうです。

中島　リニューアルされた姿が、今から楽しみです。

（2022年11月28日、鎌倉文学館にて）

*2023年3月に学童施設「放課後かまくらっ子おなり」としてオープンした。

あとがき

古都鎌倉は、住みたい街として人気が高い。明治以降、避暑地として注目された鎌倉は、その後の関東大震災を機に、緑豊かで安全な住宅地として発展してきたという。

この発展の背景には、鎌倉の近代以降の歴史だけではなく、それまでの独自の歴史と文化が深く関わっているように思う。例えば、明治・大正期の鎌倉の歴史と文化を伝える『鎌倉別荘物語 ―― 明治・大正期のリゾート都市』（1993年）の著者・島本千也氏は、鎌倉の魅力を以下のように述べている。

都市のスケールが小さく、人間的であること。街の中心として鶴岡八幡宮が存在していること。限定された空間であり、しかも、トンネル（切通し）を通って入る異郷にあること。歴史が多彩で、寺院や神社が多いこと。そこには豊かな空間が残されてあること。著名な人物（歴史上の人物）が多く住んで、いろいろな物語を残していること。……（中略）……自然が比較的残り、山や谷（谷戸）があり、樹や花が四季の推移を感じさせてくれること、等である。

歴史や文化とともに、ヒューマンスケールの都市であること、自然の豊かさ、そして、多様な居住者たちの残した豊かな物語などを鎌倉の魅力として挙げている。

筆者も、鎌倉を訪れる度に、楽しく気持ちが昂る経験をしている。こうした鎌倉の魅力を、〈近代建築〉の存在を通して伝えたいという思いから本書に着手した。ただ、写真を見ていただければわかるように、建物そのものを具体的に解説するというよりは、建物のもつ雰囲気を伝え、そこから建物固有の歴史と魅力を感じ取っていただくことを意図した。

一方、鎌倉に現存する多数の〈近代建築〉から、どれを取り挙げたらいいのか、大いに悩んだ。最終的には、鎌倉市が独自に景観重要建造物として指定している建築物を中心とすることにした。これらの建物は、『鎌倉市景観重要建造物等指定調査報告書』（鎌倉市　平成25年）に詳細に紹介されているものの、もっと多くの人々にその存在を知ってもらうべきと考えたからである。

ところで、この報告書をまとめた調査代表者は横浜国立大学の名誉教授である吉田鋼市博士である。そして、吉田先生は、この報告書とともに、２０１７年に『鎌倉近代建築の歴史散歩』（港の人）を刊行している。本書を刊行するにあたっては、これらの吉田先生の著作を大いに参考にさせていただいた。こうした優れた業績がなければ、本書は刊行できなかったと思う。改めてその業績に敬意を表したい。

また、対談のお相手は作家の中島京子さんにお願いした。中島さんは、明治期にアメリカで建築を学び、帰国後、現在の東京工業大学で教鞭をとっていた建築家・滋賀重列さんのひ孫にあたる。かつて、滋賀さんの研究を行っていた際に、晩年の１９３１（昭和６）年に手掛けた自邸を調査させていただいた。その際、当時お住まいだった滋賀さんのお孫さんにあたる、中島さんのご両親には大変お世話になった。そうした縁もあり、また、中島さんはご自分の小説にもたくさん建築を取り上げていらっしゃることもあり、お願いしたのである。

いずれにせよ、吉田先生ならびに中島さんのお陰で、何とか出版にこぎつけることができた。改めてお礼申し上げたい。そして、最後に編集を担当していただいた関根千秋さんに感謝したい。雑で訂正の多い原稿を丁重に、かつ、我慢強く見ていただいた。その支えに深くお礼申し上げたい。

２０２３年６月
内田　青蔵

内田青蔵《うちだ・せいぞう》

1953年秋田県生まれ。神奈川大学建築学部特任教授。1975年神奈川大学卒業。1983年東京工業大学大学院理工学研究科博士課程満期退学。工学博士。専門は日本近代建築史。2004年今和次郎賞、2012年日本生活文化史学会賞、2017年日本建築学会賞受賞。代表的な著書に『日本の近代住宅』（鹿島出版会）、『お屋敷拝見』（河出書房新社）、『同潤会に学べ』（王国社）、『「間取り」で楽しむ住宅読本』（光文社文庫）などがある。

中島京子《なかじま・きょうこ》

1964年東京都出身。2010年『小さいおうち』で第143回直木賞を受賞。『かたづの！』で第28回柴田錬三郎賞、『長いお別れ』で第10回中央公論文芸賞、『夢見る帝国図書館』で第30回紫式部文学賞、『やさしい猫』『ムーンライト・イン』で第72回芸術選奨文部科学大臣賞、『やさしい猫』で第56回吉川英治文学賞を受賞。その他、著作多数。

鎌倉の名建築をめぐる旅

2023年10月3日　初版第1刷発行

著者　内田青蔵
　　　中島京子
発行者　三輪浩之
発行所　株式会社エクスナレッジ
〒106-0032　東京都港区六本木7-2-26
https://www.xknowledge.co.jp/

問い合わせ先　編集　Tel 03-3403-5898 / Fax 03-3403-0582
info@xknowledge.co.jp
販売　Tel 03-3403-1321 / Fax 03-3403-1829